当代大学英语教学与实践研究

王　婷◎著

吉林大学出版社

·长春·

图书在版编目（CIP）数据

当代大学英语教学与实践研究 / 王婷著 . -- 长春 : 吉林大学出版社 , 2023.9

ISBN 978-7-5768-2570-1

Ⅰ . ①当… Ⅱ . ①王… Ⅲ . ①英语－教学研究－高等学校 Ⅳ . ① H319.3

中国国家版本馆 CIP 数据核字（2023）第 222267 号

书　　名　当代大学英语教学与实践研究
　　　　　DANGDAI DAXUE YINGYU JIAOXUE YU SHIJIAN YANJIU
作　　者　王　婷　著
策划编辑　殷丽爽
责任编辑　殷丽爽
责任校对　李适存
装帧设计　守正文化
出版发行　吉林大学出版社
社　　址　长春市人民大街 4059 号
邮政编码　130021
发行电话　0431-89580036/58
网　　址　http:/ / www. jlup. com. cn
电子邮箱　jldxcbs@ sina. com
印　　刷　天津和萱印刷有限公司
开　　本　787mm × 1092mm　1/16
印　　张　13.75
字　　数　230 千字
版　　次　2024 年 1 月　第 1 版
印　　次　2024 年 1 月　第 1 次
书　　号　ISBN　978-7-5768-2570-1
定　　价　72.00 元

作者简介

王　婷，女，1982 年生于陕西宝鸡，本科毕业于河南师范大学，英语专业；硕士毕业于西北大学，现当代文学专业；现为宝鸡文理学院外国语学院副教授，硕士生导师。

主要从事外语教学方面的研究。承担《大学英语》《大学英语视听说》等课程教学。主持过陕西省社科界重大理论与现实问题研究项目、陕西省教育科学“十三五”规划项目。获得宝鸡文理学院本科教学质量优秀奖、教学成果二等奖以及“金秋杯”课堂教学竞赛优秀奖等。

前　言

随着中国在政治、经济和文化等方面与世界接轨速度的加快，英语的重要性显得越来越突出。英语作为最重要的信息载体之一，逐渐成为人类生活中广泛使用的语言之一，英语课堂教学也不可掉以轻心。然而随着我国教育规模的不断扩大，教师与学生已经不满足于传统的英语课堂教学模式与方法，这就需要采用新的教学理论与实践与之对应，以获得更好的教学效果。多元文化时代的到来使世界各国交流日益频繁，很多人处在跨文化交际的语境中，不同国家的人以多种方式和渠道借助语言进行交流，不同国家的文化在交流中既互相碰撞，又互相渗透互相融合。如何在跨文化语境中进行有效的交流，已成为近年来英语学界关注的一个重要课题。对于英语学习者而言，他们在习得一种语言时也在习得一种文化。语言是一条道路，文化是道路上的车辆和行人。没有道路不能沟通，仅仅有道路而没有车辆和行人则同样不能沟通。只有道路上车水马龙热闹起来，交流才能成为现实。所以我们不仅要筑路，还要让各种车辆和行人在路上跑起来；不仅要传播交流的语言，还要让世界多元文化的“车水马龙”奔腾起来。

本书一共五章，第一章是对大学英语教学的概述，介绍了大学英语教学的理论基础、大学英语教学的模式及理论建构、大学英语教学的语言认识及语言教学以及大学英语教学现状；第二章主要介绍大学英语教学的相关要素，包括大学英语教学策略、途径、方法及反馈；第三章内容是大学英语教学实践探索，主要包括英语词汇教学、语法教学、口语教学、阅读教学、写作教学及翻译教学；第四章介绍了信息化背景下的大学英语教学研究，探索了信息技术与大学英语教学的融合、信息时代大学英语教学实践探索、网络环境与大学英语教学以及现代教育技术与多媒体英语教学；第五章内容是跨文化视角下的大学英语教学研究，学习、研究语言离不开文化，了解英语母语国家文化对于我们学习英语有一定的帮助。

在撰写本书的过程中，笔者参考了大量的学术文献，得到了许多专家学者的帮助，在此表示真诚感谢。由于作者水平有限，书中难免有疏漏之处，希望广大同行及时指正。

王　婷

2023 年 6 月

目 录

第一章　大学英语教学概述

本章是对大学英语教学的概述，介绍了大学英语教学的理论基础、大学英语教学的模式及理论建构、大学英语教学的语言认识及语言教学以及大学英语教学现状这几部分内容。

第一节　大学英语教学的理论基础

一、大学英语教学的基本关系

（一）英语与汉语之间的关系

1. 语音迁移

语音迁移是语言迁移中最为明显也是最为持久的现象。英语和汉语分属不同的语系，两者在语音方面存在很大的差异。第一，汉语是一种声调语言，用四声辨别不同的意义。第二，英语和汉语的音素体系差别较大，两种语言中几乎没有发音完全一样的音素。

2. 词汇迁移

初学英语的人很容易认为英汉语的词汇存在着一一对应的关系，每个汉语词汇都可以在英语中找到相应的单词。其实，一个单词在另一种语言中的对应词可以有几种不同的意义，因为它们的语义场不相吻合，呈现重叠、交叉和空缺等形式。初学英语的人往往会把汉语的搭配习惯错误地移植到英语之中，于是出现了许多不合乎英语表达习惯的句子。除少量的科技术语、专有名词在两种语言中意义相当之外，其他词汇的含义在两种语言中都或多或少存在着一定的差异，这些差异都有可能导致负迁移现象的发生。

3. 句法迁移

句法就是组词造句的规则，也就是传统所说的语法。英汉两种语言在句法方面有一些相同之处，同时也存在着很大的差异。首先，汉语是一种分析性语言，没有严格意义上的形态变化，主要通过词序和虚词的使用来表达各种句法关系。汉语重意合，其意义和逻辑关系往往通过词语和分句的意义表达。受此影响，部分中国学生在使用英语时常按照汉语的习惯仅将一连串的单句罗列在一起，不用或者很少使用连词。另外，英语和汉语在静态和动态方面也呈现出一定的差异。英语名词化的特点使许多中国学生感到不适应，在写作中这一点表现得最为突出。

与汉语和英语的关系这一问题相关的还有语言的社会功能问题。一个民族的母语是其民族的特征之一，母语教学对于培养学生的爱国主义情感具有重要的意义。

在处理汉语和英语的关系方面应该注意以下两个问题。

①在全社会重视英语教学的同时，决不要忽视汉语的学习。经济的全球化和科学技术的国际化正在成为新的时代特征，英语作为国际交往中最为重要的交流与沟通的工具之一，其重要性已经为越来越多的人所认识。为了满足人们英语学习的需求，各种各样的教学方法，丰富多彩的学习用书、音像制品和软件也应运而生。不重视英语是错误的，因为重视英语而忽视了对自己母语的学习也同样是不正确的。

②克服负向迁移，促进正向迁移。在对待汉语和英语之间的关系方面，有两种截然相反，但都不可取的态度。一种是依靠汉语来教授英语，这显然是不可取的。对于中国的英语学习者来说，汉语是他们的母语，学生在学习英语时会自觉或不自觉地与汉语进行比较，如果在教学过程中过多地采用汉语，学生就会很难摆脱对汉语的依赖，养成一种以汉语作“中介”的不良习惯，在听说读写等语言活动中会不断地把听到的、读到的以及要表达的英语先转换成汉语，这样就很难流利地使用英语，也不可能写出或讲出地道的英语。另外一种是完全摆脱汉语，全部用英语教学，这不仅难以做到，而且也是不可取的。对于两种语言中相似但是又不相同的内容，学生相对比较容易受到汉语的影响，教师在教学过程中要多加注意。

（二）外国文化与中国文化之间的关系

语言是文化的重要组成部分，它不只是一种交流工具，更是一种文化载体。语言所包含的词汇、语法、语音等元素都与特定的文化背景相关联。因此，要真正掌握一门语言，就必须了解并体验其中的文化内涵。

在英语学习中，跨文化交际因素起着重要的作用，不同文化间的价值观、思维方式、礼仪习惯等差异，都会在跨文化交际中显现出来。因此，学习者需要了解并尊重不同文化背景下的表达方式和行为准则，防止造成误解。

文化是指一个国家或地区所特有的历史地理、风土人情、传统习俗、生活方式、价值观念等方面的综合体。它既包括物质的东西，如城市、组织等，又包括非物质的东西，如思想、习惯、语言等。因此，语言作为文化的一部分，与文化密不可分。它们二者之间的关系主要表现为，首先，语言是文化的重要组成部分。其次，语言是文化的载体，通过语言的使用，人们可以了解一个国家或地区的文化特征。最后，语言的发展和变化往往在一定程度上受到文化的影响，同时，语言也会影响和塑造文化。总之，只有通过了解文化，我们才能更好地理解和学习其他语言，实现真正的跨文化交流和理解。

语言不仅是文化的一部分，而且是文化的反映。在语言中，无论是单词还是语句，都能体现出丰富的文化内涵。以英汉两种语言为例，它们之间存在着很大的差异。首先，在单词上，有些词汇甚至只存在于英语中，而在汉语中并没有相对应的词汇。其次，即使在英汉两种语言中存在相同的词汇，它们的意义也可能存在差异。有些词汇在表面上看起来似乎指代同一事物或概念，但实际上却存在着细微的差别。这反映了不同文化对于事物的认知和理解方式的差异。

英汉两种语言文化的差异也可以导致文化迁移现象的产生。文化迁移是指由于文化差异而引起的文化干扰，它表现在跨文化交际中或英语学习时，人们下意识地用自己的文化准则和价值观来指导自己的言语和思想，并以此为标准来判断他人的言行和思想。文化的内涵分为三个层次，分别是物质文化、制度文化和观念文化。深层文化迁移是指观念文化中的文化要素的迁移，由于它属于观念文化，涉及人们的观念和思想，所以在跨文化交际中不容易被注意到。

与语言迁移类似，文化迁移也有正负迁移的区别。首先，如果英语学习者的母语文化不是英语，那么就意味着他们在学习和使用英语时，会受到自己母语文化的影响。通过将母语文化与英语文化进行比较，就可以找到影响交际的各种因素。其次，英语教学也担负着中国文化输出的任务。另外，充分掌握汉语与汉语文化也是英语学习和英语交际能力不可分割的重要组成部分。

（三）语言知识与语言技能之间的关系

语言知识包括语音、词汇、语法三个方面的内容。语言知识是综合英语运用能力的有机组成部分，是发展语言技能的重要基础。使学生掌握一定的英语基础知识也是英语教学的基本目标之一。在英语中，语音和语法、构词法、拼写都有关系。很好地掌握语音，不但有利于听说技能的获得，而且也有助于语法和词汇的学习。

英语中的习惯用法又称习语，具有语义的统一性和结构的固定性两个特点。习惯用法是固定的词组，在语义上是一个不可分割的统一体，其整体意义往往不能从组成该用语的各个单词的意义中推测出来，词汇是构筑语言的材料，尽管具有大的词汇量并不意味着一定会具有高的语言能力，但是要想具备较好的语言技能则必须要掌握足够的词汇。

语言技能指的就是运用语言的能力，它主要由四个方面组成，分别是听、说、读、写。听被定义为分辨和理解口语语言的能力；说则是运用口语表达思想，将信息输出的能力；读是指辨认和理解书面语言的能力；写则是指将信息输出的能力。这四个基本语言技能是学习和运用语言所必备的，也是学生进行交际的重要形式。通过听、说、读、写这四种语言技能，学生能够全面地理解和运用语言，进而提高他们的交际能力和综合语言运用能力。

（四）教师与学生之间的关系

在英语教学中，学生是最重要的参与者和接收者。他们的学习需求和兴趣应成为教师设计教学活动和制定教学目标的重要参考之一。教师应该了解学生的认知和语言发展水平，根据学生的能力和兴趣灵活地调整教学内容和方法。只有这样，才能使学生感受到学习的意义和价值，激发他们的学习动力。此外，教师还需要关注学生的心理状况。学习英语可能会带来一些挑战和困难，教师需要帮助学生克服学习上的心理障碍，提高他们的自信心和学习动力。教师可以采用积极的反馈和鼓励，提供支持和帮助，让学生相信他们能够克服困难并取得进步。

积极的学习态度可以促进学习者更好地投入学习，提高学习效果。消极的学习态度则会阻碍学习者的学习进步。学习者的态度可能受到多种因素的影响，如家庭环境、学校氛围、社会评价等。因此，教育者和家长在培养学习者的学习态度时要注意创造积极的学习环境，鼓励学习者树立积极正确的学习态度。

认知方式是指人们组织、分析和回忆新的信息和经验的方式。就认知方式讲，英语学习者可以分为两种分别是场依存和场独立。对场依存型学习者进行测验时，让学习者观看一个复杂的图案，并找出隐藏在图案内部的几个简单的几何图形。目的是看他们是否能够把看到的东西分解成若干部分，并能使这些部分脱离整体。这种测验也适用于语言学习者，因为他们也要从上下文中把语言项目分离出来才能理解它们。场独立型学习者在英语结构知识方面学习起来更容易些。

二、大学英语教学的基本原则

（一）交际性原则

英语课程主要是技能培养型的课程。在英语课堂中，语言应被视为一种交际的工具，而不只是向学生讲解语法和词汇用法。教授英语的目标应该是培养学生能够在实际生活中与他人进行有效的沟通。

创设情景，开展多种形式的丰富多彩的交际活动。语言是交际的工具，而交际的发生总是处于特定的情景之中。情景包括时间、地点、参与者、交际方式、谈论的题目等要素。在某一特定的情景中，讲话者所处的时间、地点以及本人的身份都会制约他说话的内容、语气等。

注意培养学生语言使用的得体性。英语教学的首要目标在于培养学生进行有效交际的能力，传统的英语教学偏重语法结构的正确性，而根据交际性原则，学生要具备良好的交际能力，需要能够在适当的时间、适当的地点，以适当的方式向适当的人讲适当的话。

精讲多练。英语课堂的工作不外乎讲和练两种，前者是指讲授语言知识，后者是进行语言训练。在课堂上，适当讲授一些语言知识是必要的，可以提升学习的效果。在语言训练的过程中要针对学生的具体问题给予“画龙点睛”式的点拨。

注重教学内容与教学活动的真实性，贴近学生的生活。语言与现实生活密切相关，教学活动的设计与教学内容的选择一定要考虑这一因素。

（二）兴趣性原则

学生是学习的主体，他们的个体特点和学习方式都有很大的不同，因此，在英语课程中应充分了解学生的心理和生理特点，尊重他们的主体性。而为了培养学生的兴趣和英语语感，教师可以采用多种活动方式，如听、说、唱、演、读和写等。通过这些多样化的活动，可以极大地提升学生的学习积极性，极大地增强学生的学习兴趣，这样学生可以更好地参与学习过程中，提高他们的交流能力和语言应用能力。

防止过于强调死记硬背、机械操练的教学倾向。英语学习需要一定的死记硬背和机械操练的活动，但过多的机械性操练很容易导致课堂教学的死板与乏味，容易使学生失去或者降低学习英语的兴趣。学生在获得交际能力的同时，综合素质也会得到相应的提高，学生的学习兴趣才会在一定程度上得到巩固与加强。

挖掘教材，引起学生学习兴趣。教材是英语教学的核心，教师要想最大限度地调动学生的积极性，就要在备课时认真研究教材，挖掘教材中的兴趣点，使每节课都有新鲜感，都有让学生感兴趣的内容和活动。

在英语课程中，教师应该时刻关注学生，当学生进步时，应及时给予一定的鼓励和表扬。这种积极的反馈可以增强学生的自信心，激发他们的学习动力和学习兴趣。学生的学习兴趣与学习效果息息相关，只有在具有自信心和成就感的基础上，他们才能保持对学习的兴趣。因此，教师应该注重给学生提供实际的学习机会和挑战，让他们能够感受到自己的进步和成就，从而增强他们的学习动力和自信心。同时，教师还可以通过设立小组活动、竞赛或者奖励机制等方式，激发学生的积极性，让他们在学习中感受到成功和成就，从而保持对学习的兴趣和投入。

注意发现和收集学生感兴趣的问题，把这些问题作为设计教学活动的素材。一节枯燥的数字课也可以上得热闹非凡，笑声不断。还有的教师为了讲授英文字母，自己编排了英语字母体操。

增强教师与学生之间的交流。一个班级的学生来自不同的家庭与环境，教师要平等地对待每一个学生，对学生充满爱心，通过各种形式与学生进行交流，真心地与学生交朋友，用自己对工作、对学生的热爱去影响学生，而且教师要活泼，富有幽默感，赢得学生的尊重与喜欢。好的情绪转到学习中就会变为一种兴趣和动力。教师在严格要求学生的同时，还要给学生创造一种和谐的学习氛围。

逐步改变传统的英语测试方式。应试教育是学习兴趣的最大“杀手”。为了改变这一现状，应构建以形成性评价为主的英语测试方式，通过学生平时的教学活动参与情况来评估他们的学习情况。这种评价方式更注重学生的学习过程和学习能力的发展，而非只关注结果。通过这种评价方式，教师可以更好地激发学生的学习动力，促进他们的学习成长。

（三）灵活性原则

教学方法的灵活性。在英语教学史上曾经出现了许多种不同的教学方法和流派，如语法翻译教学法、视听教学法、交际教学法等，每种方法都有其自身的优势与不足，教师应该兼收并蓄、集各家所长，切忌拘泥于某一种所谓流行的教学方法。英语教学包括语言知识和语言技能两方面，语言知识包括语音、词汇、语法等内容，不同的语音、不同的词汇、不同的语法项目都具有不同的特点。语言技能包括听、说、读、写等方面，其中又包括许多微技能。而学习者的个体差异也是千差万别的。因此，在英语教学过程中要综合学生、教学内容以及教师自身的特点，创造性地开展多种多样的教学活动，充分体现教学方法的多样性和创新性，使英语课堂新鲜有趣，从而激发学生学习英语的热情，挖掘学生的潜能。教学的内容也要体现多样性的原则，教师不仅要教学生学习英语，而且要教学生相应的学习方法，结合英语教学教学生如何做人。

学习的灵活性。教学方法和教学内容的灵活性可以有效地带动英语学习的灵活性。要努力改变以往单纯的死记硬背的机械性学习方法，帮助学生探索合乎英语语言学习规律和符合学生生理、心理特点的自主性学习模式，使学生能够自我导向、自我激励、自我监控；静态、动态结合，基本功操练与自由练习结合；单项和综合练习结合。

语言使用的灵活性。英语学习的关键在于使用，教师要通过自身灵活地使用英语来带动学生使用英语。

（四）宽严结合的原则

在学习英语的过程中，学生不可避免地会犯一些错误，这是正常的现象。对于这些错误，教师可以选择采取宽严结合的态度，即允许学生在学习过程中出现错误，并鼓励他们积极改正，给予他们积极的反馈和鼓励。这样可以帮助学生建立自信，减少他们对犯错误的恐惧感，从而更积极地参与到学习中来。英语学习是一个充满挑战的过程，学习英语必然会经历各种不同的阶段，从中介语的观点来看，在各个阶段，学生所使用的语言是一种过渡性语言，它既不是母语的翻译，又不是将来要学好的目标语。对于各种错误的分析，是第二语言习得研究的重要课题，因为通过对这些错误的分析，可以发现学生的学习策略，其实这些策略也正是学生产生这些错误的原因。

对待错误，有两种极端的做法是不可取的。一是把语言错误看得非常严重，“有错必纠”。这些人的理由是如果对学生的语言错误听之任之，一旦养成习惯就很难改过来了。二是对学生的语言错误视而不见。这些人的理由是熟能生巧，只要多说就能慢慢自我克服这些错误。

宽严结合的原则实际上就是要正确处理准确和流利之间的关系。“没有准确，流利就失去基础”这句话是对的，但是这种说法只是强调了准确的重要性，正确的态度应该是“既要强调准确性，又要重视流利程度”。越到高年级，越要强调准确性。

（五）输入输出原则

输入和输出在英语学习中都是非常重要的环节。输入是学生通过听和读来获取相关的英语语言材料，输出则是指学生通过说和写来进行表达。研究表明，输出建立在输入的基础之上，因此，输入在学习过程中起着首要的作用。

在教学过程中，教师应该注意以下两点。第一，教师可以使用声音和图像的示范，给予学生更多的、可理解的语言输入。第二，教师要让输入的内容和形式尽可能多。学生接触的英语材料应该涵盖不同的主题和体裁，内容要广泛而丰富。这样可以帮助学生建立良好的语言基础，提高语言理解和表达能力。

在输入语言材料的同时还要考虑学生的实际情况，在增加输入的同时，还要进行有效的实践活动。这些实践活动在基础英语教学中包括一定的模仿练习。学习语言的确需要模仿，问题的关键在于如何模仿和模仿什么。尤其是在结对练习、小组练习的时候，让他们根据实际的情况使用所学习的语言，学生才能把语音和语言的意义结合起来。

三、大学英语教学的目标

（一）帮助学生理解英语

学生的学习过程不是一个行为过程，而是一个心理过程，教学的中心仍然是学生。在这个过程中，学生是中心，是关键的参与者，而教师只是帮助者和使能者。知识纯粹是有关语言的特点和运作的知识，但掌握语言知识也可以称为“懂英语”。它既表示学会有关语言的知识，又表示学会说这种语言。这两种解释实际上代表了两种不同的教学模式。从第一种模式的角度讲，学习知识可以只让学生理解和记忆，而不必要让学生去进行实际的操练和实践，其重点是心理活动。从第二种模式的角度讲，学生不仅要理解和记忆所学的知识，而且要学会实际的语言运用技能，学会把所学的知识运用到实际语言交际中去。

（二）教师帮助学生学会英语

教师是使能者，可以采用各种各样的手段来帮助学生学习英语，如可使用各种各样的现代化技巧和设备来帮助学生学习。

教师任务就是指导和帮助学生。教师可以引导学生自己学习，由被动变主动来思考学什么和达到什么目标的问题，这个教学过程的目标是使学生学会英语。

（三）训练学生的英语技能

从教学方式上讲，教师要给学生进行大量训练，开展许多活动，学生则是这些活动的参与者和训练对象。这是一种结构主义和行为主义的教学模式，从而使学生获得语言技能。

（四）开发学生的潜势

教师应该引导学生成为一个能讲目标语的人。这显然既包括使学生掌握有关语言的知识，也包括使学生掌握语言表达的能力，学会用所学的语言说话。语言是一种“潜势”，教学的目的是使学生掌握这一趋势，使他们能够用语言来表达自己。

教学过程主要被看作一个物质过程，是一种活动，主要参与者是学生和教师。在这个过程中，教师所起的作用是不同的。教师可以作为控制者和行为者，学生是目标，也就是说，学生只能被动地接受教师传授的任何他认为重要的东西；教师也可以作为训练者，做教练，让学生做一系列活动和动作，教师是引导者，学生是活动的进行者，是行为者。学生越来越成为教学活动的主角和中心。这是现代语言教学理论和方法发展的趋势。

四、英语教学的传播过程

（一）教育传播要素

1. 教育者

教育者在教育传播系统中起着重要的作用，他们通过教育教学活动，促进学生全面发展。作为教师，应不断提升自己的教育教学能力，关注学生的综合素质培养，为学生的未来发展奠定坚实的基础。

2. 教育信息

信息是教育传播系统不可或缺的要素之一，它指的是以物理形式出现的教育信息。信息本身是抽象的，只有通过某种符号的表达才变得可见。这些符号可以分为语言符号和非语言符号两种。

语言符号是最常见的表达教育信息的符号，由自然语言和人工语言两类组成。通过语言符号，教师可以向学生传达知识和信息，引导他们思考和理解。

非语言符号是指那些不使用语言的方式来表达教育信息的符号，包括动作性符号、音响符号、图像符号等。非语言符号具有形象性、普遍性等特征。通过非语言符号，人们可以用动作、声音、图像等方式来表达自己的思想、情感和观点。在英语教育传播过程中，非语言符号常常用于辅助语言符号的表达。例如，教师可以通过肢体语言和表情来加强对教学内容的说明。

3. 受教育者

受教育者指的就是学生，学生在英语教育传播过程中扮演着重要的角色。他们需要积极地接收各种传播信号，如看书、听讲等。这些传播信号是教育者传递给学生的重要信息，是学生学习和发展的基础。

在信息传播过程中，学生展现出不同的行为方式。首先，学生展现出的是目标性行为，这与一般大众传播中的受众有所不同。学生需要根据学习目标，有针对性地选择和接受教育信息，并将其应用于实际英语学习中。其次，学生还展现出了主动性行为。他们不仅是被动地接收教育信息，而且是积极参与教育过程。另外，学生还展现出选择性行为。学生会根据自己的兴趣、需求和能力，有选择性地接受和理解教育信息。同时，在记忆教育信息时，学生也会根据自己的意愿和重要性进行选择性记忆。

4. 媒体和通道

教育传播通道是教育信息传递的关键途径。只有通过这些通道，才能顺利传递教育信息，实现教育传播的目标。教育传播通道可以根据传递的信号形式来分类，分为图像通道、声音通道和文字通道。同时，教育者也需要考虑通道的适用性和效果，确保教育信息能够准确传达和学生能够有效接收。

5. 传播环境

①良好的教育传播环境能对教师的教学组织活动产生促进作用。

②扩大教师采集和选择教育信息的范围。

③为教师提供必要的物质条件。

④使教师有可能采取更为灵活有效的方式进行教育传播活动。

⑤为教师提供更多的与学生接触、与社会交往的机会。

（二）英语教育传播过程

1. 确定教育传播信息

首先，教育者需要根据英语教育目的和课程的教学培养目标确定传送的教育信息。其次，只有在确定传送的教育信息的基础上，教育传播才能顺利进行，达到英语教育的目标。

2. 选择教育传播媒体

确定所要传播的信息之后，紧接着就要选择教育传播媒体来呈现要传送的信息。这个过程实质上是编码的过程，需要考虑多个因素。首先，教育者需要确保所选择的媒体可以传达出所要传送的教育信息，确保信息的准确性和完整性。其次，教育者需要根据学生的特点和需求来选择适合的媒体形式，以便学习者能够更好地理解和吸收所传达的信息。最后，教育者需要考虑媒体的可获得性和成本效益，选择那些能够在教育环境中方便获取的媒体，并且确保能够在有限的资源下取得最好的传播效果。

3. 通道传送

在教育传播过程中的通道传送阶段，教育者需要解决两个问题。一是教育者需要考虑信息传递的目标受众群体，确定信号需要传达到多远的地方，以及覆盖的范围是多大。这样可以帮助教育者选择适合的教育媒体和传播方式，以确保信息能够传达到目标受众群体。二是教师需要根据英语课程的教学结构，合理地安排信息内容的传递顺序。这可以帮助学生更好地理解和吸收所传达的教育信息。

4. 接收与解释

在教育传播过程中，受教育者接收信号并将其解释为信息的意义是一个关键阶段。首先，受教育者通过视觉、听觉、触觉等感官器官接收传来的信号。其次，在这个过程中，信号被转换成神经电信号，并传递到大脑中。最后，大脑分析这些信号，将其与已有的知识和经验进行对比和匹配，以确定符号的意义，并存储记忆。

5. 评价与反馈

在教育传播过程中，一旦受教育者接收信号并将其解释为信息后，他们的能力就会得到提高。然而，要确定教学目标是否达到预期的水平，评价是必不可少的。通过观察学生的行为变化、课堂提问、课堂作业以及阶段性的考试等方式，教育者可以全面地评估学生的学习情况，以便更好地指导和促进学生的英语能力发展。评价的结果不仅反映了受教育者的学习成果，而且为教育者提供了改进教学的依据和方向。

（三）教育传播的方式与原理

1. 教育传播的基本方式

（1）自学传播

自学传播的特点是没有专职教师亲自授课，是一种自主学习的方式，学习者可以根据自己的需求和兴趣进行学习。在自学过程中，学习者需要具备一定的学习能力和学习方法，并且需要有适合的学习资源和学习环境支持，通常情况下，学生会选择适合自己的教材自主学习。自学传播可以培养学习者的自主学习能力和问题解决能力，提高学习效果。

（2）课堂传播

课堂传播主要依靠课本和教师的语言讲解来进行，是目前学校中广泛采用的英语教育传播方式。课堂传播的主要特点是教师通过语言和文字符号来传递知识和信息。教师在课堂上通过语言讲解、示范、演示等方式将教育内容传达给学生。此外，教师还可以利用多媒体教学工具、教学辅助材料等来增强教学效果。通过课堂传播，教师可以引导学生主动参与学习，培养学生的思维能力、实践能力和创新能力。

（3）远程传播

远程传播是一种非面对面的教育传播方式，能够打破时间和空间的限制。随着现代通信传播和控制方法的普及，远程传播逐渐成为一种受欢迎的英语教育传播方式。远程传播的优势在于学生可以在任何的时间和地点进行学习，不再受到传统时空的限制。这种灵活性使得远程传播成为那些无法参加常规课堂教学的学生的理想选择。

2. 教育传播的基本原理

（1）共同经验原理

教育传播是一种信息传递与交换的活动，它涉及教师和学生之间的沟通与交流。然而，有效的教育传播必须建立在教师和学生共同的经验范围之上。这意味着教师需要考虑学生的背景和经验，以便与他们建立起共同的理解和沟通。在教学过程中，教师需要通过适当的教育媒体来帮助学生获得对缺乏直接经验的事物的间接经验，并促进学生的理解和学习。同时，教师需要了解学生的背景、兴趣和学习风格等因素，以便选择合适的教育媒体和教学方法。

（2）信息来源原理

权威和信誉在一定程度上是影响教育信息传播效果的重要因素之一。教师作为教育信息的主要来源之一，应该树立为学生认可的形象和权威。在传达教育信息时，教师应注重与学生建立良好的师生关系，通过展示自己的专业知识和教育能力，以赢得学生的尊重和信任，从而被学生接受和认可。同时，在选择教材和教学软件时，教师应注意其内容的来源，确保所传达的教育信息是正确、真实和可靠的。这样才能够有效地促进学生对教育信息的接受和理解。

第二节　大学英语教学的模式及理论建构

中华人民共和国教育部于2012年3月13日印发的《教育信息化十年发展规划（2011—2020）》明确了我国以教育信息化带动教育现代化的战略选择，推动人们的学习方式由数字化学习向移动学习转变，进而转向泛在学习、个性化学习直至终身学习。然而，当前的大学英语教学模式存在跟不上时代发展速度等问题，当前时代，大学英语如何利用信息技术进行教学模式革新，使大学英语教学模式发生根本性转变这一问题亟待解决。大学英语的创新教学模式大致有以下几种类型。

交际型教学模式，即建立在课堂互动交流基础之上的教学模式，它综合运用各种教学元素，如教师、学生、课堂、场景等，通过师生交流、互动活动、互换角色以及范围更广的交际来进行教学。这种教学模式更符合当下的需求，更能满足跨文化交际的需要，因此，现如今的大学英语教学都在朝着交际型教学模式的方向进行改革。

“输入—输出”教学模式的提出是为了培养适应国际经济发展和对外交流需要的跨世纪英语人才，教学过程更符合英语学习的客观规律和学科特点，完善科学的教学大纲，培养学生学习英语的能力和建构英语思维的技能。

而随着计算机网络技术在大学英语教学中应用的不断深入和扩展，网络教学模式在具体操作的过程中积累了各种经验和教训，而这些都促进了对网络英语教学理论和实践的深入探讨和研究，从而有助于解决当前实践中的问题，也为今后的发展指明了方向。当代的大学英语教学模式顺应时代脚步，逐渐从线下发展到线上，并与互联网紧密结合起来。

一、大学英语教学模式的发展方向

大学英语教学改革主要存在三个问题：一是课程创新问题，需要利用互联网信息技术与资源提升课程内涵，进行课程整合和创新；二是学生的基础存在差异，需要教师提供不同层次的教学内容，实现差异化教学，以满足不同学生的学习目标需求；三是学生的自主学习能力欠缺，学习的主动性和积极性不强，需要增强学生的学习动力，提升学生的自主学习能力，以提高学生的学习效率。研究人员通过分析相关文献资料与研究成果发现，大学英语教学要想消除以课本知识讲授为主的传统课堂教学的诸多问题，实现提升课程内涵以及教学质量的目标，互联网信息技术与资源不可或缺。因此，探索传统实体课堂、MOOC 与 SPOC 有效融合的线上线下混合教学模式，成为大学英语教学模式改革的趋势。

第一，MOOC 是对传统课堂教学模式的变革，教学逐渐打破时间与空间的壁垒，通过互联网将海量的优质教学资源快速便捷地输送至学生端。一方面，教师可以将 MOOC 教学资源进行碎片化、进阶化和模块化处理，为学生有效地分层、分级和分段学习创造条件。另一方面，优质资源共享可以在一定程度上解决一般院校缺乏高层次、高水平的课程和师资问题，给予教师新的自我提升渠道，借助 MOOC，在教学实施的过程中渐进式地提升师资力量，促进课程创新，提升教学质量。

第二，利用 SPOC 进行校内辅助教学，实现不同层次教学资源整合，实时收集教学数据，并实现教学方式多样化。一方面，SPOC 可以将不同层次的教学资源进行有效收集，教师在运用平台时，可以共享资源，方便教师之间进行教学交流以及相互借鉴优质的教学经验，更好地实现教学资源共享。另一方面，教师可以利用 SPOC 教学平台对在线学习数据进行有效监控和追踪，通过管理和分析获得数据，教师获得真实客观的教学反馈，并适时调整教学进度，优化教学方案，以提升教学质量。此外，SPOC 能够有效地支持教师工作。借助平台功能，教师能够高效地收集和整理教学所需的相关数据，并实现成绩自动考核。教师能够腾出更多的时间和精力丰富教学实践，如进行个性化教学和过程性评价、关注学生的学习动态等。

第三，翻转课堂是对传统课堂教学的逆序创新，学生在课前自主学习前置知识，通过课中的师生课堂互动完成知识的内化，从而更加主动地进行基于项目的学习。这种模式可以解决课时不足、知识课堂内化难、教学主体转换等问题，并且在一定程度上提高学生的学习积极性和创新性，激发学生的学习动力，有利于培养学生的自主学习能力。

基于“MOOC+SPOC”的混合式教学模式通过将传统实体课堂、网络课堂（线上资源课堂和线上互动课堂）进行有效融合，既能发挥网络教学的时间、空间等优势，又能保留实体课堂的系统持续面授教学，解决大学英语教学当下面临的问题，培养学生的自主学习能力、创新能力以及应变能力，并有效推动英语课程高质量教学。

二、大学英语教学模式的实施策略

MOOC、SPOC与大学英语教学融合，应充分挖掘各自的优势，以人才培养目标为导向，夯实教学质量，实现线上线下教学资源的整合与优化，满足异质化学习目标的系统教学设计等，实现动态的教学质量评价。要体现混合式教学设计的优势，以实现大学英语的高质量教学目标，助力提升高等教育人才培养的质量，实现教学动态评价等有机统一。

（一）以人才培养目标为导向

随着国家实施创新人才培养的战略，大学英语教学应该注重融合教学的核心设计，培养以语言应用能力为核心，具备学术素养和职业素养的国际化复合型人才。融合教学可以提供更全面、多样化的学习体验，促进跨学科的学习和合作，并培养学生的实际操作能力和问题解决能力。这将有助于为学生的个性化发展需求提供更好的支持。融合教学不能简单地将线上线下课程互搬或是叠加拼凑，而是利用MOOC、SPOC等“互联网+”资源对传统课程进行再造。融合教学设计要结合学校的办学目标、生源情况、学情以及专业特点等实际情况，遵循语言教学和学习的规律，注重以教学质量为指引，以多样化视角进行课程教学。融合教学应始终顺应社会的需求和发展，坚持国家发展高等教育的规划和要求，以提升英语教学质量为指引，以能力本位为基础，服务于学校的人才培养目标。

（二）以教学质量为根本

融合教学应竭力挖掘MOOC、SPOC等网络教学以及传统课堂的优势，科学整合线上教学资源，使线下课堂教学形式多样化，内容丰富化，从而提升大学英语课程教学的质量，促使学生的学习能力提升。传统课堂的面授形式具有直观地把控学习节奏、知识讲授系统持续、师生互动交流深入等优点，但它却在一定程度上受时间、空间以及教学资源等因素限制，而MOOC和SPOC正好与之互补。一方面，融合教学设计应对接学校办学类型和人才培养目标，合理选择适宜的教学模式，因材施教，要根据大学英语课程的授课学时、生源特点、学情等现实情况进行融合教学设计，合理规划并适时调整 MOOC、SPOC 与传统课堂教学的比重，着力提升融合教学模式设计的科学性、合理性，以提高融合教学设计质量。另一方面，融合教学设计要突破语言学科的自身局限，兼顾其他关联学科，尤其应注意结合学生所学的专业。要针对不同专业的学生对语言知识学习以及学科专业知识学习的实际需求，进行多维教学设计，并根据教学的实际效果灵活地调整教学方案，合理优化教学内容的比例，促进融合教学持续、系统、深入实施。

（三）整合与优化线上线下教学资源

随着教育信息化进程的不断推进，教学资源良莠不齐、品质不一等问题开始显现。因此，融合教学设计要求教师从单纯的语言知识的传授者转变为智能课堂的设计者，以对线上线下教学资源进行科学合理的整合与优化，实现教学资源的精选与高效运用。一方面，线上线下的教学资源种类繁多，内容丰富，需要用科学、合理的方法有效整合，而不是简单地进行叠加聚合。教学资源整合应着力提升整体教学质量，对接学校及院系的人才培养方案，通过全面筛选相关的线上及线下教学资源，对英语课程教学所需的语言知识、学科专业知识资源进行梳理与归纳，最终将线上线下教学资源打造为丰富的、高质量的教学资源库。另一方面，优化大学英语课程教学资源可以进一步提升教学资源的质量，促进课程教学质量提高。教学资源优化凸显高质量教学目标，更加关注教学资源运用的实际效果。融合教学精选的教学资源应更好地提升学生的语言能力及语言应用能力，以适应学生专业学习及将来就业的需求。无论是教学资源的整合还是优化，都应以实现高质量教学目标为准则，根据各类教学资源的使用需求等实际状况，对教学资源进行科学合理利用，从而使融合课程教学资源得到有序、高效运用。

（四）进行满足学习需求的系统教学设计

在“互联网 +”背景下，学生的学习需求总体显现出多样化、异质化的特点，这无疑对大学英语融合课程的教学方式、教学资源学习时间与空间等都提出了挑战。首先，融合教学设计应满足学生学习需求的时间、空间系统要求，应结合学校的生源情况、学情、专业特点等，充分发挥传统课堂、MOOC、SPOC 等教学资源的时空优势，将时间碎片化、空间多元化，强调融合教学的优势互补，创新系统化的教学设计特色，以达到大学英语课程的高质量教学目的。其次，教师应针对学生对大学英语课程学习的实际需求，加强对各类教学资源的科学、合理、规范、有效运用。教学资源的系统设计应对接学校人才培养目标，按照大学英语课程、学生所学专业的特点，以学生学习及未来工作的实际需求为落脚点，对教学资源进行科学、合理的整合，使教学资源服务于语言知识和学科专业知识的教学及人才培养目标。通过对“互联网+”环境下纷繁复杂的教学资源进行科学、合理、规范、有序整合，形成完整的高质量的教学资源系统，不断提升融合教学设计的质量与水平。

（五）进行教学质量动态评价

在融合教学中引入教学质量评价，能够更好地促进融合教学高质量发展，不断完善教学方式、方法、内容等。教学质量评价必须体现多样性、专业性及动态性。实践融合教学应结合多样化的评价方式进行综合评价。例如，评价主体的变化，从单一的教师主体拓展至同伴互评、学生自评等。同时，衡量大学生完成大学英语课程学习后的情况应体现专业性，不能将标准化的以通用英语为导向的考试作为唯一考核指标，应探索和设计能全面衡量学生专业学习和研究所需要的英语测试，如法律英语考试、医学英语考试等。融合教学需构建科学、合理的评价指标体系，结合院系人才培养目标、课程标准等，对线上教学和线下课堂教学质量进行全面科学的评价，对教学质量进行监督，以评促教。结合课程教学的大数据分析，综合多方面的评价，教师能够更加从容地主导课堂，适时地调整和完善教学活动等，确保实现英语课程的高质量教学。

第三节　大学英语教学的语言认识及语言教学

一、大学英语教学的语言认识

（一）语言的认识

第一，语言是一种系统，它不是由杂乱无章的语言材料任意堆砌而成的。要想有效地进行交际，就必须遵循一定的规则来支配语言的使用。这些规则构成语言系统的基础，它们使得语言成为一种有组织、有结构的交际工具。语言系统由多个子系统组成，包括语音系统、词汇系统、语法系统、语用系统和文字系统等。这些子系统既相互独立又相互联系。每个子系统都有其独特的特点和规则，它们通过一定的规则和约束以确保语言的准确、流畅和有效使用。

第二，语言具有音和义的结合特点。从语言的本质来看，它是口头传播的。口头语言是最早形成的，而书面语言的产生则相对较晚，书面语言最初的任务只是用来记录口头语言，随着时间的推移，书面语言逐渐发展，并形成自己的特点。但是，书面语言始终无法完全脱离口头语言的影响和依赖，它们之间始终存在着相互作用和相互影响的关系。

在语言的表达中，为了达到交际目的，我们不仅需要注重语言的正确性，还需要考虑语言的得体性。语言的正确性指我们需要正确地发音、使用正确的词汇和语法结构，以确保我们的语言表达符合语言的规范。而语言的得体性则是指在不同的交际情境中，我们需要灵活运用语言，使我们的表达更加贴切、恰当。语言的正确性和得体性是相互关联的，它们共同决定了我们在交际中的表达效果。如果我们的语言表达不仅正确无误，而且还能够与交际对象的特点和场合相匹配，那么我们的交流将更加顺畅和有效。

（二）语言的特征

1. 语言的交际性

人类的交际工具不只是语言，旗语、电报代码、手势、体态等都可以在某种范围内作为人们的交际工具。语言服务的领域要广阔得多，生产领域、经济关系领域、政治领域、文化领域以及人们的社会生活、日常起居等。在交际过程中它不仅能交流思想，还可以传达彼此的情感，虽然人们的手势、体态等动作也能传达情感，甚至还可以脱离语言独立地完成某些交际任务，但它们毕竟是非语言的交际工具，所表达的意义比较有限。至于聋哑人的手语，那是为了帮助失去说话、听读能力的人进行交际，人们按照正常人的语言设计的一套特殊的语言。

认识语言的交际性对英语教学具有重要的启示。首先，英语教学的目的是培养学生为交际掌握运用英语的能力。其次，语言是重要的交际工具，英语作为语言是重要的国际交际工具。最后，在教材的编写、教学内容的安排上，也要考虑交际运用英语的总出发点，选择那些日常生活中常用的话题和话语以利于进行言语交际活动。

2. 语言的思维性

语言是思维活动的媒介和工具。思维活动是在语言基础上进行的，思维离不开语言。因此，英语教学也要培养学生使用英语进行思维和交流思想活动的能力。如果英语教学过程中不能养成使用英语理解和表达思想的能力，就难以掌握地道的英语和英语的精神实质。

3. 语言的有声性

有声性是语言外壳的有声实质。有声性是语言最本质的自然属性，音义结合是语言的起点和终点，音形义结合是语言的完美组合。人们之所以能感受和运用语言，是在于有语音作为物质外壳，使语言成为物质的、现实的、听得到、说得出、看得见、写得出的语言。

口语具有及时性、暂留性和临场性三个特点。及时性指讲话必须一句接一句，中间不允许有较长时间的停顿。暂留性指一句话讲出来，留在记忆里的时间很短，一般人听连续的语流，精确地留在记忆里大概不超过七八秒钟。临场性指演讲者通常会做出及时的反映，或欢声笑语，表示赞同；或摇头皱眉，表示反对；或兴趣盎然，情绪热烈；或表情冷漠，心不在焉等。另外，口语结构简单，常用省略式、简短式的语言。

4. 语言的任意性

第一，音义的结合是任意性的，即什么样的语音形式表达什么样的意义内容，什么样的意义内容用什么样的语音形式表现是任意的。世界上之所以有多达 5 500 种语言，就是因为人类创造语言时在选择语音形式表达意义内容方面的不一致，因而形成了不同的语言。语言具有社会属性，不是自然的，语音形式和意义内容之间没有必然的本质的联系，完全是偶然的、不可解释的。

第二，不同语言有不同的音义联系。

第三，不同语言音义联系不对等。

第四，同一语言的音义关系也有任意性，同样的事物在各种方言中也有不同的读音。

5. 语言的情感性

语言有表情达意的作用，有最完备的表情达意的功能。人们在发出分音节的有声语言时，常伴随着手势、眼神、脸部表情和身体动作等以加强表达感情的作用。语言交际活动处于表情、动作等非语言工具的范围之中，所有这些表情动作是为了加强有声语言和加深表达情感的印象。

非语言交际方式可分为三种类型分别是无声的动态、无声的静态和有声而无固定语义的伴随语言。无声的动态如用点头表示同意、肯定或加重语气和表示满意的情感。无声的静态可以表达语义和情感，人站着一动不动，表达呆若木鸡的语义和惊奇、悲哀、害怕、漠然等不同情感。伴随语言是一种有声的，但是非语言的，如各种笑声、哼哼声等；单就笑声就有哈哈大笑、傻笑、咯咯笑、捂着嘴笑、皮笑肉不笑、苦笑、甜蜜的笑、微笑、讥笑、冷笑、假笑、阴险的狞笑、谄媚的笑等。

（三）语言研究理论

1. 语言的内部研究

语言学是对语言的科学研究，发展到今天，语言学的分支相当多，这也说明了语言学作为一个学科的成熟。语法学研究连词成句等制约语言行为的规则。一种语言的语法是该语言的语法规则的总和，而语法研究的对象是制约语言行为的规则。

从研究方法看，有实证主义的语法和唯理主义的语法；从研究对象的时限看，有贯穿不同时期的历时语法和属于同一段时间的共时语法；从研究者的社会目的看，有规定性的语法和描写性的语法；从研究者的教育目的看，有供语言学研究的语法和教学用的语法；从所研究的语言范围看，有普遍语法和语别语法。

语用学研究语言符号和语境信息互动产生语用意，是语言学不可分割的组成部分。首先，结构主义语言学，特别是它的描写学派，力求把研究的范围局限在语言单位间的形式关系方面，有意地尽量不涉及意义，“把意义排除在外”。这样不仅在词汇领域，而且在句法领域，语义研究均跃居领先的地位。在转换生成语法的语义学理论中，语句是跟虚拟的、抽象的语言使用者具有联系的；而现实中运用语言的人及其感情、相互关系、意图和目的等则被排斥在分析之外。从 20

世纪70年代初期开始，“语用学”这一术语以及相关的概念便日益频繁地出现在不同学派语言学家的论著中。语用学的任务就在于揭示在特定场合下，说话者的言语条件是什么，说话的目的何在。

2. 语言的外部研究

心理语言学是研究人类语言活动中的心理过程的学科。它关注个体如何学习和使用语言系统，并探究语言在实际交流中的作用，揭示人类如何掌握和应用语言系统。从信息加工的观点来看，心理语言学研究个体言语交往中的编码和译码过程，由于研究对象的特点，其与许多学科有密切关系，除心理学和语言学外，还有信息论、人类学等，但在方法上，它主要采用实验心理学的方法。

社会语言学在兴起之初，只是一门边缘性的学科，它起源于20世纪60年代的美国。社会语言学借鉴了很多语言学和社会学等学科的理论和方法，旨在从不同的角度研究语言的社会本质和差异。对这门学科的定义目前还存在一些争议。研究内容涉及七个方面分别是说话者的社会身份、听话者的身份、会话场景、社会方言的历时与共时研究、平民语言学、语言变异程度、社会语言学的应用。其视角涉及语境、语言的历时与共时。其重点为“语言变异”，社会语言学本身也是以语言变异为立足点。近年来，社会语言学取得了显著的进展，这得益于对语言异质性认识的不断深入和学科的不断发展。在20世纪60年代以后，社会语言学逐渐形成了一些学派，包括交际民族志学、跨文化交际、交际语言学、语言社会化和语言习得、会话分析以及语言变异研究等学派。

二、语言学习理论

（一）学习语言和习得语言

现如今研究人员广泛关注人们如何成为语言运用者的过程。其中，一项重要的研究方向是区分学习语言和习得语言这两个概念。美国语言教育家斯蒂芬·克拉申（Stephen Krashen）提出了习得与学习是两种不同的语言发展方式的观点。习得和学习在语言知识的获取和储存方面存在显著差异。习得的知识储存在大脑左半球的语言区，这些知识用于语言的自动加工。习得的知识是无意识地形成的，人们在使用语言时会自然而然地运用这些知识。相比之下，学习的知识是一种元语言的知识，它虽然也是储存在大脑左半球的，但不一定是储存在语言区的。学习的知识只能用于有意识的语言加工，人们需要主动地去应用这些知识。

习得的知识是语言理解和产生的基础。通过习得，人们能够无意识地理解和运用语言，使得语言使用更加流畅和自然，而学习的知识在语言加工中只能起到监控的作用。学习的知识能够帮助人们判断输出的语言是否正确，起到监督和纠正的作用。

（二）任务型学习

1. 任务型学习的重要性

许多教学方法研究者对语言输入的性质并不十分注重，而是强调学生参与的学习任务，他们一致认为学习语言不能脱离语境，更不能专学一些语法知识，而只有通过更进一步的语言体验才能习得。也就是说没有必要正规地学习语法，而只要求学生自觉地运用目的语进行交流活动，学生之间交流得越多，就越善于运用语言。

任务型学习是双边或多边的交互式活动，这意味着学生之间以及学生与教师之间的互动是学习的核心。在任务型学习中，所学语言是交际的工具。学生通过参与真实的交际活动，如角色扮演、讨论和辩论等，来运用所学的语言知识和技能。通过实际的语言实践，学生能够感受到知识和技能在交际活动中的价值，从而增强学生的自觉性和主动性。学生在任务型学习中不仅是被动的接受者，而且是积极参与者和学习的主体。

2. 任务型教学的原则

（1）语境真实性原则

教学任务的设计是教师在教学过程中的重要任务之一。为了满足学生的心理需求，教师应该设计与学生日常生活密切相关的任务。这样，学生就能够找到与自己熟悉的事物相关的话题，因而更容易开口表达。

因此，教学任务的设计要考虑学生的心理需求，教师可以通过调查了解学生的兴趣爱好，选择与学生相关的话题，也可以设计与学生当前生活相关的任务，这样的设计将激发学生的兴趣和参与度，促进他们更好地学习语言。

（2）互动合作性原则

任务型教学是一种交际教学方法，它强调师生之间的相互交流与互动。与传统的单向知识传授不同，任务型教学注重师生之间的双向交流，教师不再是唯一的知识传授者，而是充当引导者和促进者的角色。学生之间的合作也是任务型教学的重要组成部分。通过小组合作和集体讨论，学生可以互相交流和分享彼此的观点，从而扩展自己的语言能力和思维能力。

3. 任务型教学的教学步骤

（1）前任务

教师在组织学生完成课堂任务之前，首先需要将本堂课的任务呈现出来。呈现任务的目的是介绍任务的要求和具体步骤，让学生清楚地了解任务的目标和完成方式。为了使任务呈现更加明了、生动形象，并能够激发学生的兴趣，教师可以借助多媒体等教学工具来进行呈现。通过多媒体的运用，教师可以使用图片、视频、音频等形式来展示任务的相关信息，使学生能够更加直观地理解任务的要求。精心设计的动画、音效还可以吸引学生的注意力，增加任务的趣味性，使学生更加乐意参与任务。

（2）语言重点

当任务完成之后，教师应该充分利用任务的成果来启发学生进行讨论。通过讨论，学生可以深入思考和理解任务中涉及的新知识点。同时，教师可以提出一些引导性问题，引导学生从不同角度进行思考和表达。这样的讨论可以帮助学生巩固和扩展他们的语言知识，使他们能够更好地掌握新的知识点。在讨论的基础上，教师还可以引导学生进行有意义的交际实践。通过与同伴的交流，学生可以运用他们所学的语言知识来解决实际问题。这种交际实践可以帮助学生培养语言运用的能力，使他们能够真正地将所学的语言用于实际生活中。

4. 任务型教学模式在英语教学中的运用

（1）阅读准备阶段

通过活动来调动学生头脑中已有的知识，可以为后面的学习阅读做好准备。这一步骤类似于我们常说的导入，但有一些区别。在传统导入中，教师主要是介绍背景知识，为学生的学习做铺垫。而在任务型教学中，教师的角色发生了变化，其不再是背景知识的介绍者，而是活动的组织者、任务的提出者及引导者。通过活动，教师可以引导学生主动参与，从而激发他们的兴趣和动力。

（2）阅读理解阶段

在任务型教学的阅读理解环节中，学生通常需要完成两个重要的步骤，即速读和精读。在速读阶段，教师通过提供阅读问题来引导学生有目的地进行阅读，帮助他们快速获取文章的主要内容和大意。这样的引导不仅能够提高学生的阅读效率，而且能够培养他们的阅读策略和技巧。在精读阶段，教师继续发挥重要的指导作用，帮助学生更加仔细地理解文章的细节和含义。通过学生的回答，教师可以及时检测学生的阅读效果，了解学生对文章的理解程度，并及时进行必要的辅导和指导。

（3）语篇分析阶段

在任务型教学中，语篇分析与传统的语法和词汇讲解不同，它更注重学生对整个语篇的理解和把握。在这一环节中，教师通过引导学生结合阅读材料的语篇内容和结构，帮助他们更好地理解文章的意义，并建立相应的图式。在语篇分析的活动中，多采用小组合作的形式。学生可以一起讨论、分享彼此的理解和观点，共同绘制语篇的结构图。通过合作绘图的方式，学生可以更加清晰地看到课文的整体结构，进而更好地理解文章的逻辑关系和内在组织。

（4）课文巩固深入阶段

任务型课堂中的巩固深入环节与传统的教学模式有所不同。传统的教学模式更注重语言的形式，而任务型课堂中的巩固深入环节则更注重语言的意义，以及学生在实际情境中运用所学的语言知识的能力。

（5）课文学习的延伸阶段

学生阅读不仅是为了获取信息，而且是为了能够更广泛地进行交流。通过在课堂上提供广泛的交流机会和环境，可以激发学生进一步阅读相关内容的兴趣，并促进学生之间的交流和分享。这样的交流不仅可以帮助学生更好地理解阅读材料，而且可以培养学生的表达能力、思维能力和社交能力。这种教学方式有助于提高学生的学习效果和培养学生的综合能力。

三、人本主义语言学习理论

（一）对传统英语教学法的挑战

英语学习是为了熟练掌握英语技能，而不只是为了学习知识。但是，以教师为中心的传统教学法无法满足学生全面发展各项英语技能的需求。这种教学法使学生变成了被动的接受者，而不是积极参与者。学生只是被要求死记硬背知识，而缺乏实际运用的机会。

以教师为中心的英语教学法在实践中常常忽视了学生的主观能动性和兴趣。学生只是被要求按照教师的指示进行学习，而没有充分发挥自己的创造力和思维能力。这种教学法忽略了学习的乐趣，导致学生在一定程度上对英语学习产生厌倦和抵触情绪。

另外，以教师为中心的英语教学法往往只注重语法和词汇的学习，忽视了语言的真实运用。学生被培养成了将单词和语法规则组合成句子的机械式学习者，而不是能够流利交流和理解真实语言的运用者。这种学习方式使得学生的口语能力受限，他们的英语表达往往缺乏自然流畅的特点。

（二）“以学生为中心”英语教学法的指导思想和教学原则

“以学生为中心”的英语教学法的指导思想是，教学活动应该以学生为中心，满足学生在知识、情感、智力和能力上的需求。这种教学法要求充分调动学生在整个英语学习过程中的积极性和主动性，通过不断的语言实践来提高学生掌握和应用英语的能力和熟练程度。

“以学生为中心”教学法将学生置于教学的核心位置，教师则扮演辅助和引导的角色。在这种教学环节中，教师的工作重点是如何最大限度地发挥学生在学习过程中的主动性。同时，教师还需要充分发挥自己在教学过程中的主导作用，指导学生的学习和发展。教师应该具备良好的教学设计能力，根据学生的需求和兴趣，设计具有挑战性和趣味性的任务，激发学生的学习兴趣和参与度。

（三）“以学生为中心”英语教学法的具体实施

1. 英语口语课教学的实施

“以学生为中心”的口语课堂应该成为学生用英语来展示自己的舞台，成为学生用英语进行交流和辩论的场所。在这样的口语课堂中，很多时候学生虽然渴望开口，但却不知道如何开口，常常因为羞于表达而不敢说话，这时，教师可以设计各种活动来引导学生开口。例如，可以设置角色扮演的活动，让学生扮演不同的角色，在各种情境中进行对话和互动。这样的活动可以帮助学生提高表达能力和语言运用能力，同时也增加了课堂的趣味性和互动性。

2. 英语精读课教学的实施

“以学生为中心”的教学法不仅是让学生听教师讲授语法知识，而且要让学生真正参与语言的学习中去。在精读教学中，教师可以引导学生在规定时间内完成课文阅读，并带着发现问题的任务，让他们自己去讲解所发现的语法点和语言点。这样的做法可以使学生成为积极主动的知识吸收者，培养他们的语言运用能力和思维能力。

在阅读理解课上，教师应该给学生提供充分的机会来运用语言技能。通过围绕主题的文章设计课后练习，可以让学生更好地理解和掌握所学知识，并体验到积极参与语言阅读活动的乐趣。

此外，教师还应该关注每个学生的学习情况，给予及时的反馈和指导。通过不断地了解学生的学习需求和困难，教师可以根据学生的实际情况进行个性化的辅导，帮助他们克服困难，提高英语学习的效果。

第四节　大学英语教学现状

从 20 世纪 80 年代所制定的《大学英语教学大纲》开始算起，我国高校的英语教学历经四十余年。在此期间，教育部门对大学英语的教学大纲进行了完善，也对英语学科的测试体系进行了补充。然而，此种规范化的教学模式对大学英语教学的发展产生一定的制约，也与高等教育所追求的个性化发展、多元化发展的目标不相符合。

在相当长的一段时间内，我国高校中持续对传统大学英语教学进行改革，然而这些改革措施仅仅是在以往的英语课程范畴内所做出的局部完善及调整，并未起到太大的成效。虽然这些改革措施对改善大学英语教学的部分问题起到了积极作用，在一定程度上增强了教学效果，但随着时代的进步以及教育水平的飞速发展，传统大学英语教学改革的措施与力度显然已无法满足新时代人才培养的需要。鉴于此种情况，我国许多大学开始对英语教学的内容、模式以及目标进行科学改革，如今我国大学英语教学现状如下。

一、教学模式更为多样化

从教学方法来审视，英语教学中已广泛使用现代信息技术，搭上了“互联网 +”的“顺风车”；从英语教学的内容及教学模式的角度来讲，传统的关注教师地位、注重提升学生的英语知识及技能的教学模式基本上退出了历史的舞台，逐渐转变成将学生视为教学活动的主体、侧重于培养学生使用英语的能力及自主学习英语能力的教学模式。互联网辅助的语言教学模式、基于信息技术的语言教学模式，都陆续进入英语教学领域，教学模式呈现出日益多样化的发展态势。然而在这个关键时期，教育学界对大学英语教学模式的内涵及应用的认识还比较杂乱。

总的来讲，教学模式一定程度上反映了整个学校的教学理念、教育指导观念，教学模式也体现了教师、学生、教材等基本教学要素之间保持着密切的联系。教学模式作为一种结构框架，显示出了其从整体上掌控各个教学要素的内在联系及功能；作为一种活动程度，显示出教学模式具有可操作性及有序性的特征。大学只有使用科学的、合理的英语教学模式，才能够从整体上把握不同教学元素的内在联系，以动态的视角来揭示大学英语教学的发展规律，也能够完善大学英语教学的设计、促进各个教学元素的优化组合，进而增加大学英语教学的实效性。

在相当长的一段时间内，我国大学英语教学的改革已经取得了一定的效果，然而并未产生实质性的变化，这主要是因为以往所采取的各种改革措施仅仅关注教学内容及教学方式的改革，而未认识到应该对教学模式进行完善。虽然教学内容、教学方式的改革也比较重要，但此种改革方式并未触及教育理念、教育理论等深层次的问题；只有通过教学模式改革，才能够触及这些深层次的问题。由此可见，教学模式的改革能够有效推动我国大学英语教学的改革进程。为此，教育部应该重点关注英语教学模式改革所触及的核心问题及关键环节，尽快认识到大学英语教学改革中出现的问题，并针对这些问题提出切实可行的解决办法，进而构建新型的教学模式，为社会及国家培养更多优质的人才。

除此之外，我国大部分大学在英语教学改革过程中添加了现代信息技术相关的内容，充分地将网络及计算机应用到英语教学模式改革过程中，逐步改变了以英语教师传授知识为主的教学模式。这种新型的教学模式立足于网络技术等现代信息技术，使得大学英语教学的“教”及“学”摆脱了时间及场地的束缚，逐渐转向个性化的发展方向，也开发了学生的自主学习能力。在这种新型的大学英语教学模式之下，尤其应该培养学生的自主学习能力。但是，自主学习似乎出现了一些问题：一些学校在缺少规范管理的情况下，大幅减少课堂授课时间，过度依赖多媒体教室，导致教学资源无法被充分利用；部分教育者错误地将自主与自学混为一谈，忽略了教师在英语教学中的重要性，任由学生自主发挥，轻视语言知识学习，最终导致无法完成预期教学目标。针对上述的这些问题，学校要想培养学生的自主学习能力，便需要建立一整套完备的评估体系，帮助英语教师精准地认识到学生自主学习需要的环境条件，使教师制定及推行能够提升学生自主学习能力的切实可行的教学方法，继而实现学校的英语教学目标。

二、教学目标设置逐步清晰

20 世纪 90 年代以后，我国教育界逐渐开始对大学英语教学进行改革调整。随着近年来国际交流日益频繁和社会对高校人才培养要求的变化，教育部对大学的英语教学目标进行了完善，对《大学英语课程教学要求》进行了修订，于 2017 年颁布了《大学英语教学指南》(以下简称《教学指南》)，强调大学英语教学是高等教育的重要组成部分，大学英语课程是大学生必须参加的一门课程。《教学指南》中还提到了大学的英语教学应该坚持外语教学理论的指导地位，注重培养学生的英语知识及运用英语的技能、多元文化交际能力等，还要根据学校情况的变化及时对教学方式、教学内容进行调整。大学英语的教学目标往往是培养学生的英语综合应用能力，尤其是听英语、说英语的能力，不仅使学生能够与他人进行英语交流，还要提升学生的自主学习能力及综合素养，使学生的发展迎合社会的发展需求。我们可以看到，《教学指南》将英语教学的交际功能放在突出的位置，指明了大学英语教学的主要教学目标是提升学生与他人进行英语交际的能力，尤其是提升学生专业英语方面的能力。

除此之外，由于我国各个地区的经济状况、文化发展水平等方面存在较大的差异，各个地区、各个高校之间的差距不断拉大，这就对大学英语教学的整体教学水平产生了不利的影响。针对这种情况，《教学指南》中明确规定了大学英语教学应该按照各个学校、各个地区的实际情况开展，还应该关注学生的个性化发展。同时，《教学指南》在此基础上进一步提出了我国高等学校非英语专业本科生经过大学阶段的英语学习与实践应当选择达到的三个层次的标准，即一般要求、较高要求和更高要求。一般要求主要是指大学非英语专业的大学生应该实现的基本要求；较高要求及更高要求则是部分条件优越的学校按照自身的办学条件、教学目标、教学方向而制定的高标准要求。各个大学应该依照自身的实际状况来制定教学目标，并积极改善教学条件，鼓励那些英语学习能力较强的大学生追求较高要求甚至是更高要求。

三、课程设置逐渐多元化

目前，许多大学已经认识到大学英语课程不单单是一门提升学生语言能力的基础课程，而是扩充学生的英语知识、剖析世界文化的一门素质教育课程；该课程既具有工具性的特征，还具有人文性的特性。因而，大学在制定英语课程的时候，应该重点关注培养学生的文化素养、为学生传输世界文化方面的知识。大学英语教学逐渐摆脱了传统大学英语教学中英语课程设置单一的局面，陆续开始进行英语课程体系的开发和建设。具体而言，我国大部分高等院校已经按照自身的状况，依照《教学指南》及本校英语教学的目标逐渐制定出适合本校实际需求的大学英语课程体系，逐步将专业英语、综合英语等课程有机地联系在一起，以使不同学习能力的学生均能够提升自身使用英语的能力。

与此同时，大部分大学在英语课程改革过程中注重培养学生听英语、说英语的能力，对大学英语教学给予足够的学时和学分，并逐渐将先进的现代信息技术引入英语教学中，重点开设了相关的计算机课程及网络课程，逐步改善了学生学习英语的外部环境。这些针对大学英语课程所做出的改革措施，极大地提升了英语教学的成效。

四、关注外语人才的个性化发展

通常情况下，一所大学中的大学生往往来自不同的地域，而位于不同地区的大学在英语教学质量、教学水平、办学条件等方面也显示出较大的不同之处，大学生的英语技能、英语知识水平也显示出不均衡的特点。中国境内的大学数量繁多，不同大学在培养学生方面的任务及要求也存在较大的差异性，对英语水平和能力的要求也有所不同，英语对其专业学习、职业发展的作用也完全不一样。因而，各个大学在定位英语教学及培养英语人才方面的侧重点也会有所差异。不同学校应该按照自身的具体情况分层次进行英语教学，关注学生的个性化发展，为社会培养具有特殊技能的人才。

在过去的四十多年里，我国境内的绝大多数大学均针对英语教学改革开展了一些实践活动。在特色办学教育方针的指引之下，不同教学层次、不同类型的高等院校开始探究适合社会实际需求、发挥自身优势的大学英语教学模式，力争使培养出来的学生既精通英语专业知识又善于应用英语。其中，上海部分大学率先在大学英语教学改革过程中进行了一系列的探索和实践。考虑到上海本地高等院校的教育资源、学生的资质、办学条件、教学目标、各个专业的需求等方面存在较大的差异性，上海市教育局鼓励各个学校有所改变，依照因材施教、分类指导的基本原则，拟定出符合学校具体状况的英语教学大纲，为学校的英语教学工作指明方向。以上海交通大学为代表的上海市部分大学开始实施学术英语相关教学工作，在此基础上深入探究了学术英语的相关内容，并积极与全国各地的其他学校分享自身的办学成效、办学经验，渴望扩大学术英语的教学范围，进而促使各个大学共享英语教学的资源，实现优势互补。但需要强调的是，学术英语教学并不一定适合所有人才培养的需要。除了学术英语，我国大学还开展了其他方面的现代英语教学实践，并取得了一定的进展，对大学英语教学改革也做出了突出的贡献。

五、英语教材体系逐渐完善

通常情况下，大学开展的英语教学需要借助教材。这主要是因为教材能够为学生提供学习语言知识的途径及资料来源，教材所涉及的语言训练及语言实践活动是提升学生语言知识及技能的主要方式。由于高质量的教材能够对教学各个环节产生积极的作用，因而大学要想顺利完成教学的目标及教学内容，便需要选择适宜本校学生的教材。

现阶段，随着大学英语教学改革工作的深入开展，大学英语的教材体系也产生了较大的转变。教材在内容和形式上更加新颖，而多样化的教材在推动英语课程改革方面发挥了重要作用。除此之外，一些大学还通过与相关的出版社进行合作，协作编纂并出版了新的英语教材。

大学英语教学改革拓宽了英语教材的发展方向，大学及教师也能够在英语教材的编纂、运用等方面发挥自主权。新的教材制度和格局对广大英语教师和英语教学研究者来说既是机遇又是挑战。为了紧紧抓住发展的机遇，直面各种挑战，大学应该组织专门人员对英语教材进行重新编纂、评估等，以便选择适宜本校具体特征的教材，继而提升英语教学的成效。

六、构建多元英语教学测试与评估体系

大学在对英语教学的教学观念、教材、课程内容、教学模式等方面进行改革的过程中，逐渐意识到了英语教学的测试体系及评估体系亟须改革。测试与评估体系的配套改革问题，对整个大学英语教学改革工作的成败有重要影响。《教学指南》中也明确提到了教学评估是大学英语教学的主要步骤，精准的、合理的、科学的评估体系能够对英语教学目标的实现产生积极影响。教师可以通过评估体系所反馈的信息来完善教学管理方法，进而确保英语教学的质量；学生也可以通过评估体系所反馈的信息来调整自己的学习方法、提高学习效能，进而提升自己的英语素养。《教学指南》进一步指出对学生英语学习的评估要包括形成性评估和终结性评估两种。由此可见，大学英语教学的改革需要构建多元化的测试体系及评估体系。

从大学英语教学的全过程来讲，完善的、科学的大学英语教学测试体系及评估体系需要包含起始性评估、形成性评估及终结性评估。但是，传统的大学英语教学往往只关注终结性评估，无法真实地反映教学问题。现阶段，我国大部分大学已经认识到终结性评估体系具有不完整性，例如终结性评估体系忽略了学生日常的学习行为及学习进程。同时由于终结性评估的方法将考试成绩作为最后的评估准则，这在一定程度上凸显了考试成绩的作用，这就导致一部分学生仅从考试或者升学的角度出发来开展英语学习。这种单一的学习目的明显不能调动学生学习英语的热情。与此同时，这种评估体制也极大地挫伤和遏制了英语教师对语言教学内容和方式进行改革和探索的积极性、能动性和创造性。

许多大学也认识到了要想从本质上改变英语教学的方法，必须对英语教学的测试体系及评估体系进行完善及改革。为了适应社会对大学英语教学的新要求，不少大学专门成立了测试团队，负责本校的大学英语测试和评估体系的改革工作。

例如，西安外国语大学创建了测试题语料库。大学英语教学测试体系及评估体系的改革应该侧重于完善原有的测试及评估体系，对终结性评估进行规范化管理，尤其是对学业考试、成绩考试进行规范化管理，逐渐提升形成性评估在整个教学评估体系中的比率，将形成性评估及终结性评估融合在一起，发挥评估体系在英语教学中的重要作用。

第二章　大学英语教学的相关要素

本章主要介绍了大学英语教学的相关要素，包括大学英语教学策略、大学英语教学途径、大学英语教学方法以及大学英语教学反馈这几部分内容。只有把握好这些要素，教师才能有效提高教学效果。

第一节　大学英语教学策略

教学策略是指教师为达到预期教学目的、促进学生有效学习、实现教学有效性所采取的教学行动或教学行为。以往的大学英语课程教学策略与中学的教学策略大同小异，都是教师主导，学生被动接受的传统模式。这种教学策略带来的后果是学生学习的主动性与积极性难以被调动起来，教学效果不尽如人意。根据新的大学英语课程体系改革的要求，大学英语教学必须逐渐摆脱此种陈旧的教学策略，要精心研究探讨大学英语新的有效的教学策略。从教师的角度来说，必须以现代教育理念替代传统的教学理念，用新知取代旧知，指导其教育教学活动。从教师自身来说，教师要通过不断的学习，全方位提高自身的教育教学相关能力，并能够在教育教学的过程中进行反思，在改进中反思，在反思中改进，进而提升自己的整体能力。从师生关系来说，在教育教学活动中，要从以教师为本转变为以学生为本，在关心学生的进步和发展的同时，还要关注教学效益和教学效果的提高。对教师来说，整体上要掌握两大策略。

一、要更新理念

要更新理念，用现代教育理念来武装自己的头脑。新的教育理念主要包括创新教育理念，以学生为本的教育理念，全面发展的教育理念，强调学生主体性、个性化的教育理念以及开放性的教育理念。大学英语教师要与时俱进，用新的现代的教育理念来指导自己的教育教学活动，从而实现教师角色的根本转变。在教学中，教育教学方式要从以教师为主体转变为以学生为主体，教师要由知识的讲授者逐步变为学生学习行为的引导者和评估者，在教育教学的过程中以学生为本，重视学生的共性与个性，关注学生在英语学习中的现实需要和未来发展需要，挖掘学生潜能，给学生展现自己的机遇和空间，使学生在英语基础知识、英语交际能力等方面获得均衡的发展，从而提高学生的英语综合能力，最终实现教学目的。此外，教师在教育教学过程中还要运用多媒体等多种现代教育手段和教育模式提升教学质量与效果。

二、在实践中不断提升自身的综合教学能力

大学英语教师的综合教学能力对最终的教学效果在一定程度上有着直接的影响。因此，教师应通过不断提升自己的综合教学能力，尤其是英语专业知识和多媒体应用知识，使自己的教学活动开展得游刃有余。另外，在进行英语教学时，不仅要使学生具备参加各类考试的能力，而且要教会学生使用英语进行“听说读写”，能够进行流畅的交流。这些更高的要求也要求教师不断提升自身的综合教学能力，并想方设法在教育教学中为学生创设语言交际环境，使学生的英语知识在实际应用中得以巩固和实践，真正做到学以致用。细化到课堂教学中，则分为四个方面。

（一）学生之间的合作学习策略

教师首先将学生分为若干小组，其次给每个小组安排一个需要解决的问题，小组中的学生通过相互间的合作与质疑，最后获得小组成绩。这种合作学习的策略可以为学生创设语言环境，帮助学生在团队氛围中学会互相学习，互相促进。

（二）口头表达策略

通过口头表述，让每个学生都有机会表现自己，同时可以锻炼口语表达能力。最终的实践结果证明，在英语教学中实行口头表达这一教学策略可以提高学生的综合应用能力，特别是听说能力。

（三）增加教学活动中的师生互动策略

在教学过程中，教师要尝试增加教学活动中的师生互动。如教师可以提出问

题请学生表达自己的观点，根据学生的观点再提出新问题，学生也可向教师提出问题，就某一问题展开共同探讨。这样的策略有助于调动学生的积极性和主动性，活跃课堂气氛。

（四）传统教学与网络学习相结合的策略

在传统的大学英语教学中，学生进行的是集体化的学习活动，这一做法有助于培养学生的集体主义观念。通过网络进行学习，学生可以根据自己的实际情况自由选择学习时间，享有最优的资源，学到更多的知识。所以在大学英语教学中，一方面要引导学生利用多媒体与网络学习进行自主学习，另一方面也要重视教师面授、学生间直接讨论。

第二节　大学英语教学途径

在英语教学中，教学途径可以分为内隐和外显两个层次。内隐层次指的是心理途径，因为语言教学本质上是一种心理活动。在国外，各类英语教学流派都有心理学的研究作为支持，即以心理活动的方向为依据进行教学。又因为人的心理活动都发生在大脑中，因此将其称为“英语教学的内隐途径”。然而，内隐途径需要通过外显行为才能发挥作用，因此英语教学还涉及外显层次，即行为途径。内隐途径和外显途径在英语学习中相互依存，相互支持。在这种英语学习观的制约下，我国英语教学的心理途径主要是“从不自觉到自觉”，行为途径则是“演绎循环，阅读辐射”。这种综合性的教学途径有助于学生全面发展各项英语技能，提高他们的综合能力。

一、心理途径

在中国的英语教学中，强调教学的心理途径是“从不自觉到自觉”，这种心理途径与西方的观点截然不同。西方的教学方法注重的是英语学习的结果，即强调学生先有理有据地运用知识，通过理论论证来指导实践。当学生掌握了知识后，就能轻松地运用，不再需要寻找根据和论据，能够流利地表达和写作，这时已经达到不自觉的状态了。

中国的英语教学强调学习语言的过程。学生会通过机械地、模糊地、缓慢地学习逐渐掌握一门语言，起初只要能够模仿和实践就可以，然后再逐步发展到灵活、准确、流利的水平。在这个过程中，学生会经历一段时间的模糊和困惑，但当他们学到一定程度的时候，他们的内化认知图示会对新知识进行内化和同化，从而构建新的图示，或者产生顿悟。

我们的从不自觉到自觉的英语教学理念也可以在一些西方教学流派中得到印证。例如，直接法就主张使用归纳的方法来教授语法知识，这意味着学生在进行归纳之前是不自觉的，只有在进行归纳之后才能自觉地理解和应用语法规则。另一个例子是听说法主张的五段教学法，其中包括代换、替换、转换、扩展和迁移。这种教学法的目标是帮助学生从机械的不自觉状态转变为自觉的选择状态，通过从简单的句子和词组逐渐扩展到更复杂和灵活的表达方式，学生可以逐渐自觉地运用所学的语言知识。

二、行为途径

从方法论的角度来分析，我们可以发现，我国英语教学的行为和操作途径与前述心理途径是相适应的。这种适应性的源头在于我们采用了辩证方法、以大统小和百家争鸣的教学理念。具体来说，我们的教学的行为途径主要包括演绎式循环和阅读中心辐射。

（一）演绎式循环

我国传统的英语教学就有着演绎式的倾向，而当代语言教学法则更加倾向于归纳式的方法。值得注意的是，目前，我们的教师仍然更习惯于使用演绎式的教学方式，因为在我们的传统文化中，有着一种由上而下、以大统小的思维方式。这种思维方式代代相传，使得我们在教学中自然而然地使用演绎式的方法。然而，我们要意识到中国是一个拥有众多民族和多样文化的国家，这些多样的文化都是中国文化的重要组成部分。因此，我们的学术活动一直遵循着“百家争鸣，兼收并蓄”的方法论原则。这意味着在追求相同目标的同时，我们也要允许“各持己见”。

正是由于这样的传统，使得我国的演绎式教学方式多是采用循环式，而不是直线式的演绎来传授知识，相比之下，循环式演绎方法具有更大的优势。直线式的演绎只能一演到底地将知识传递给学生，缺少对问题的辩证处理。而循环式演绎不仅可以从不同的角度来变换学习的内容、方法和侧重点，还可以通过不同循环的反复学习来加深学生对知识的理解和掌握。这种方法能够更好地促进学生的思考和思维能力的培养。所以循环一定要集百家之所长。

（二）阅读中心辐射

在我国的英语教学中，从历史的角度来看，读一直被视为教学的核心。英语教学的训练目标和训练方法都以读为中心，通过阅读来逐渐开展其他言语技能和语言运用能力的训练。因此，我国的英语教学相对比较重视课文的选择，将学习课文视为教学的基础。

学习课本的活动主要是读。无论是在课堂上的教学活动，还是在课外的自主学习中，阅读都是主要的学习方式。通过阅读，学生能够接触丰富的语言材料，扩充他们的词汇量、语法知识，提高他们的语言理解能力。此外，我国的英语教学还重视培养学生的语音教学、写作能力和说话讲演能力。然而，这些技能和能力都是对读的拓展。正如古人所说的“读书百遍，其义自见”，通过反复阅读，学生可以深入理解和掌握所学知识，提升自己的语言能力。

第三节　大学英语教学方法

大学英语作为高等教育的重要组成部分，对学生英语学习能力的深入和提高起着至关重要的作用。然而，在当前的大学英语教学中，传统的教学方法已经无法满足时代的发展和社会的需求了。因此，改变以往的教学方法，建立一整套创新的教学模式是非常必要的。

一、传统大学英语教学方法的特点和不足

（一）传统英语教学方法在听、说、读、写方面没有较好的衔接

在当前的大学英语教学中，听、说、读、写被认为是四个不可分割的组成部

分。然而，在实际教学中，这四个方面往往被割裂开来，在一定程度上导致学生在不同的技能上无法进行有效的衔接和应用。例如，在听力课上，学生只是被动地进行纯听力训练，缺乏对所听内容的理解和运用。他们可能能听懂一些课文或对话，但却无法将其与自己的观点和经验结合起来，进行深入的思考和表达。同样，在阅读课上，学生只是机械地读课文，相对比较缺乏对文本的理解和分析。他们可能能够理解字面意思，但却无法将其与自己的知识和经验联系起来，进行有效的思考和批判。只有将这四个方面的教学内容结合起来，学生才能将所学的知识和技能进行整合，并将其运用到实际的交流和写作中。

（二）传统大学英语教学方法以语法解释和翻译法为主，效果欠佳

传统大学英语教学方法中，教师起着绝对的主导作用。他们通常会在课堂上进行满堂灌式的教学，讲解课文的语法规则，帮助学生翻译复杂的句子。然而，这种教学模式往往在一定程度上忽视了学生的实际应用能力的培养。学生在听力和阅读训练中可能能够理解课文，但在实际交流中却无法运用所学的知识。另外，一些学生在语法掌握上表现出色，但在英语表达中却常常出现错误。他们在语法解释和翻译法的教学中只注重了语法的掌握，而没有学会如何合理地运用所学的语法知识。他们只懂得按字面翻译，而不知道如何从语义上去理解。因此，为了提高学生的语言综合能力，我们需要改变传统的教学方法。教师应该更多地扮演引导者的角色，鼓励学生参与课堂活动，提供更多的机会让学生实践和运用所学的知识。

二、大学英语教学方法改革探索

（一）教学上应在听、说、读、写四个方面进行有机整合

心理学家认为，知识的获取需要遵循特定的规律。母语习得者能够快速掌握母语的原因，是因为他们能够将所获取的信息进行统筹式管理，分别储存在不同的记忆系统之中，这样能够方便他们随时取用。然而，在英语教学中，学生的英语水平有限，难以做到以学生为主体进行教学。而通过整合听、说、读、写四个方面的教学内容，可以很好地解决这个问题，帮助学生提高学习效率和英语水平。

首先，可以给学生布置预习任务，让他们借助移动互联网等网络教学系统，

在课下先学习相关的音频、视频和文章。在练习听力和阅读的同时，学生可以对课文主题有一个很好的理解，并积累一些课上可能会用到的知识。这样学生在课前就有了一定的基础，能很好地跟上教师的讲解和课堂内容。

其次，由于学生在课前已经完成了预习工作，教师在课堂上可以非常轻松地引导学生进行课文的再学习，并鼓励学生发表自己对课文内容的见解。还可以通过小组的互动和讨论，提升学生的参与度和学习积极性，促进他们对所学知识的深入理解。

最后，给学生布置课后作业，让学生在课后查询支持自己观点的相关信息，并在所学语法知识、词汇短语以及相关内容素材的帮助下，写出与课文主题相关的小文章。通过写作的练习，学生能够巩固所学的知识，并提高他们的写作能力。

通过听、说、读、写四个模块的有机结合，学生可以更全面地学习和应用英语。这种综合教学方法不仅能够帮助学生建立自信，还能增加学生的英语学习兴趣，激发他们的学习动机，从而更好地提升他们的英语能力。

（二）摆脱教师的绝对主导模式，实现以学生为中心的主题教学模式

学生以个体或团体形式进行训练的以学生为中心的主题教学模式，可以有效地提高学生的语言能力和综合能力。这种教学模式将听、说、读、写四个模块有机地结合在了一起，围绕一个具有逻辑关联的话题展开教学。通过这种方式，学生可以将所学的词汇和语法等知识应用到实际的学习训练中，从而加深对知识的理解和掌握。

传统教学中的主题内容相对比较空洞、乏味，导致学生对课上老师提出的话题缺乏兴趣，或者即使有话可说，也懒得表达或写下来。很多教材中的单元主题，如校园生活、恋爱等，已经被过度练习和论证，学生对此已经产生了厌倦感。因此，在选择教学主题时，教师应选择富有知识性的主题，这样可以激发学生的求知欲望，引发学生对知识的渴望，并激发他们的学习兴趣。其次，教师还应选择具有内涵的主题，以此促使学生深入思考。传统的教学主题往往只涉及表面的知识，相对比较缺乏深度思考空间。教师可以选择一些具有哲理、道德或社会意义的主题，如友谊、人生价值等，引导学生思考并表达对这些问题的观点看法，培养他们的思维能力和创造力。

（三）改变传统的语法解释和翻译法教学

语法知识的掌握是英语学习的基础，但仅仅掌握语法规则还不足以使学生能够流利地运用英语进行交流。传统的英语教学方法注重语法教学，但往往在一定程度上忽视了语法规则的应用。因此，很多学生在英语表达能力上仍然存在较大的问题。在中国的英语教育中，语法教学一直占据着重要的位置。从初中开始，学生就接触到了大量的语法知识。然而，经过多年的学习，很多学生的语法应用能力有待提高。例如，有学生将“匆忙与休闲是截然不同的两种生活方式”翻译为“Hurry and soft is two different life style”，或者“Both busy and free are two different way of living”，这两种翻译都存在明显的语法错误。这种现象的出现，说明了传统的英语教学方法在培养学生的语法应用能力上存在一定的不足，我们还需要在传统的英语教学方法的基础上进行改进，引导学生将所学知识应用到实际的英语实践中去。

第四节　大学英语教学反馈

一、教学反馈的基本概念

语言学习是一个复杂的过程，其中涉及学生的认知和情感两个领域。近年来，随着对学习者个体学习差异的研究的深入，教育者越来越重视情感因素在语言学习中的作用。在教学过程中，反馈是一个不可或缺的环节，反馈会对学生的情感产生一定的影响。

在语言教学环境中，反馈是指教师或其他学习者为了促进学生的学习，向其提供的关于某一学习任务完成情况的信息。有学者将反馈从来源、性质和涉及的领域进行了划分，分别将反馈分为了来自外部的外反馈和发自内心的内反馈、肯定性反馈和否定性反馈、认知方面的反馈和情感方面的反馈。来自教师的外反馈对学习者的内部情感反馈有着一定的影响。一方面，教师的外反馈可以是肯定性的，即对学生的努力和成绩给予肯定和赞扬，这有助于学习者形成积极的情感反馈，增强学习动力和自信心。另一方面，教师的外反馈也可能是否定性的，即指出学生的错误或不足之处。然而，研究表明否定性反馈对语言学习可能产生一定的负面影响，导致学生的情感反馈变差，降低学习动力和学习效果。

利斯特（Lyster）和兰塔（Ranta）对否定性反馈进行了重新界定，将其分为内隐和外显两种形式。外显性否定性反馈是指过去意义上的否定反馈，而内隐性否定性反馈则包括以下 5 个方面。

①重构：教师隐含地用其他词来表示相同的含义。

②重复：教师对错误部分重读，诱发学生思考。

③澄清式请求：请再说一遍好吗？

④确认：教师用同义词肯定学生内容。

⑤引发：用疑问的形式启发学生只讲一部分，让学生完成其他部分。

上述各种反馈，无论是肯定还是否定，都必须具备一个共同点，即最大限度地满足学生的情感需要。根据克拉申等的情感过滤假说，有了大量、合适的输入并不等于就能掌握目的语。情感因素中焦虑、自信、动机直接影响着输入的信息到达语言习得机制。因此，教师必须通过策略性的反馈激发学生的学习兴趣，减少或消除不同的情感障碍。

在大学英语教学过程中，教师反馈话语的重要性是不可忽视的。教师反馈话语是指教师根据学生的实际表现，运用自身的专业知识和教学技能，对学生的表现进行评价、指导和纠正。这种反馈不仅可以帮助学生了解自己在英语学习中的不足，而且能及时纠正学生的错误并使其调整学习策略，从而提高英语学习的效果。因此，教师应该重视反馈话语的运用，为学生提供准确、有针对性的评价和指导，促进他们在英语学习中的进步和发展。

二、大学英语教师课堂反馈话语

课堂反馈话语的运用对于大学英语教师和学生来说都具有重要的实际价值和意义。

首先，在课堂教学中，合理运用反馈话语对学生积极参与课堂教学起到了一定的作用。从教师的角度来看，合理运用反馈话语能够帮助教师了解学生的学习情况。教师可以通过观察学生的表现、听取他们的发言以及检查他们的作业来了解他们的学习态度、学习成果和学习方式。通过及时地反馈评价，教师可以发现学生的优点和不足，从而针对性地改进自己的教学方法，调整教学内容，提供更适合学生的教学活动。从学生的角度来看，合理运用反馈话语能够调动学生的积极性。学生在听到教师对自己的学习情况作出的及时评价时，会感到被认可和肯定，这种正面的反馈评价能够激发学生的学习动力，使他们更加积极主动地参与到课堂教学中。同时，教师的反馈也能够帮助学生认识到自己的不足之处，从而意识到自己需要加强的方面，并主动寻求提高的方法和途径。

其次，在课堂教学中准确运用反馈话语，能够使师生之间建立起良好的互动关系，并为学生提升口语表达能力提供更多的机会。英语作为一门语言类学科，注重学生语言表达能力的培养与提升。通过运用反馈话语，教师可以积极与学生进行交流互动，进而建立起良好的师生关系。同时，通过反馈话语，教师可以为学生提供更多的口语表达机会，帮助学生提升自己的口语表达能力。

最后，在大学英语教学中，教师有效地运用反馈话语可以营造出良好的学习氛围。在传统的课堂教学模式中，教师往往扮演着主导者的角色，而学生则是被动的接受者，这种单向的教学方式缺乏互动性，导致整体的课堂氛围较差。然而，适当引入反馈话语可以改变这种局面，营造出更加积极、活跃的学习氛围。教师的积极反馈可以增强学生的自信心，使他们更愿意表达自己的观点和想法，由此可以提高学生的参与度，形成良好的学习氛围。

综上所述，运用反馈话语对于大学英语教学具有重要的意义和价值。教师应准确运用反馈话语，促进师生之间的互动，给学生提供口语表达的机会，帮助学生提升口语能力。通过有效的师生反馈交流，可以构建良好的教学环境，提高学习效果。因此，大学英语教师应重视反馈话语的运用，以提升教学质量和学生的英语能力。

三、反馈话语的实际应用

（一）结合实际准确引入反馈话语

在实际的英语课堂教学中，教师应该意识到学生是课堂教学的主体，因此需要通过各种方式全面了解学生的情况，尤其是他们在学习中遇到的问题。只有在了解清楚的情况下，教师才可以准确地运用适当的反馈话语，对学生的学习情况进行有效的反馈和评价。

要想有效地运用反馈话语，教师需要提高对反馈话语的理解和掌握程度，掌握反馈话语运用的技巧。这可以通过课堂实践来实现，不断提升对反馈话语的掌握程度。教师需要学会选择合适的反馈话语，这就要结合学生的性格特征、学习能力、态度和成果等方面进行个性化的反馈。对于内向、腼腆的学生，教师可以选择委婉的反馈语，通过间接纠正、积极反馈等方式暗示学生存在的错误。对于外向、活泼开朗的学生，教师可以直接纠错，提醒他们及时认识到自己的不足。对于学习成绩较好的学生，教师不应只是简单地夸奖肯定，而是要在肯定的同时，指出他们需要进一步提升的地方，以免让他们产生过分自大的心理。

为了进一步促进教师对反馈话语的熟练运用，英语教师可以借助各种方式，如录像自评、同事观察和调查问卷等，借此来了解自己在英语课堂教学中运用反馈话语的情况和效果。

（二）保证反馈话语运用的客观性

在大学英语教学中，学生往往面临着许多挑战和压力。尤其是当教师提问时，许多学生会感到紧张和不安。因此，教师在这个过程中就显得非常重要。他们需要细心观察学生的表现和情绪，并通过使用安慰性或鼓励性的反馈话语来缓解学生的紧张情绪，营造出和谐融洽的课堂氛围。

当学生回答错误或表现不好时，他们很可能会感到沮丧和失望。这时教师尤其需要关注并理解学生的情绪，应该从客观的角度来看待学生的错误，应该尊重学生的努力，展示足够的耐心，并通过适当的纠正方式来指导学生改正错误，帮助学生树立英语学习自信心。

第三章　大学英语教学实践探索

本章内容为大学英语教学实践探索，主要包括英语词汇教学、英语语法教学、英语口语教学、英语阅读教学、英语写作教学以及英语翻译教学这几部分内容，详细地介绍了大学英语教学的相关实践问题。

第一节　英语词汇教学

词汇是构成语言的三大要素之一，是培养和发展语言技能的重要基础。掌握相当数量的词汇是学好英语的基础，也是培养英语交流能力的前提。一个人如果词汇贫乏、词义含混，就难以顺利进行听、说、读、写、译活动，更无法使用英语进行交流。因此，具有一定的词汇量不仅有利于培养学生的英语听说能力，而且可以为培养学生的独立读写能力奠定基础。

一、词汇课堂教学的内容与目标

（一）词汇课堂教学的内容

词汇教学首先应考虑的是词汇教学的内容。只有先确定了词汇课堂教学的内容，教师才能围绕此内容有计划、有针对性地组织词汇教学。杰里米·哈默（Jeremy Harmer）对英语词汇课堂教学的内容作了比较全面、系统的定义。

词汇教学不仅应包括词的相关信息、意义、用法和语法这四个方面的内容，还要包括词汇学习策略的指导和学习。因此，我们从以下 5 个方面介绍词汇课堂教学的内容。

1. 词的相关信息

词汇信息既包括词的读音、词的拼写形式，又包括词性、前缀和后缀等，这既是英语词汇最基本的信息，又是学生学习英语词汇时应该掌握的最基本的知识。

词的读音和拼写形式是词的存在基础，同时是各词相互区别的第一要求。语言中的每个词都有它的声音形式。每个单词都有其形、音、义，而其中词的发音应居首位。所以教会学生词的读音应是词汇教学的第一步。因为如果词的读音不准确，就有可能会造成表情达意的错误。词的读音不正确极易影响别人对词义、句意的理解。因此，教师在教英语单词时，先要教单词的发音，再教会学生正确的发音将有助于学生记忆单词。

词的读音既是英语语音教学的内容，又属于英语词汇教学范围的内容。在词汇课堂教学时，教师要注意将词汇的音与词汇的形结合起来进行教学。教师要引导学生将音、形联系起来进行记忆，从而做到见形而知音，因音而记形。例如，教师在讲解 bag 时，应该指出 a 在重读闭音节中发 / e / ，但书写时要写 a。此外，教师还要联系学生已学过的单词 maths，stand，black 等，以帮助学生加强记忆 a 在重读闭音节中的发音。

词的前缀、后缀是非常重要的词汇信息，也是英语词汇课堂教学的重要内容。词的前缀、后缀会影响单词词义、词类，增加前缀后，单词的词义往往会改变。例如，前缀 se 往往表示“一分为二”的意思；per 往往表示“每一个，一直”的意思；un、dis、im 等前缀往往表示“不”的意思；e、es 往往表示“外，往外”的意思。而英文单词的后缀通常没有什么实际的含义，只是表示整个单词的词性。给单词添加后缀通常会影响单词的词性，如 able 通常表示“可……的，能……的”。可见，了解、掌握词汇的前缀和后缀有助于学生理解、记忆和掌握这些词汇。

2. 词的意义

与词的相关信息相比较，词的意义要复杂得多。从语义角度上来讲，母语与目的语之间的差别使一些词汇的含义就其内涵、外延而言在英汉两种语言中不尽相同。词汇的意义包括两方面，一方面是指概念意义，也就是词典中所标注的意思，即词汇的字面意思，又称为“词汇的外延”；另一方面是指关联意义，即一个单词的文化含义以及在具体的语用环境下的意义，又称为“词汇的内涵”。

一个单词的含义很多情况下是受到上下文的影响和制约的。我们在理解单词的含义时，要结合词组、句子、上下文。因为如果离开词组、句子或上下文，就很难理解词的意思，特别是转义。教师在词汇课堂教学中应通过各种方法使学生了解语义和情景之间的关系，使学生学会联系语境理解词义。

3. 词的用法

词汇的用法内容广泛，包括词汇的搭配、短语、习语、风格、语域。

词汇的搭配是英语词汇教学中非常重要的部分。在具体的语境之中，一个词往往要求和某些特定的词汇搭配。例如，conclusion 要与 come to 搭配，而 decision 要与动词 make 或者 take 搭配；有些词组是固定搭配，不能混用，我们可以说 go to school，go to bed，但却不能够说 go to home；allow，permit，consider，suggest 等这类动词后不能接不定式，只能接动名词。学生熟悉所学词汇的搭配习惯，不仅有助于其灵活运用所学词汇，而且有助于提高其听、说、读、写、译能力。

不同的词汇使用场合也可能不同。有些词的使用非常普遍，在许多场合都可以使用，而有些词的使用范围则非常狭窄，在一些谈话中使用属于不礼貌的行为；有些词只能用于口语中，用在正式的语体中就不合适。例如，children，kids 和 offspring 的含义尽管基本相同，但是 children 为中性词，既可以用于口语，又可以用于书面语；而 kids 为非正式用词，一般用于口语中；offspring 则是正式用词，一般用于书面语中。

有一些英语词汇能够适用于不同场合。但是，即使这些词汇适用于不同场合，其意义通常也会因为使用场合的不同而有所差别。例如，我们通常都会用 hot 形容热，这是在书面语中的用法；如果用在口语中，意思就完全不一样了，如我们说："That is a hot guy." 在这里 hot 是形容一个人身材或是长相很吸引人。词汇还有褒义和贬义之分，如 politician 和 statesman 都表示政治家，但前者有贬义。词汇也有抽象和具体之分，如 clothes 与 coat 都表示服装，但是前者表示"衣服"，而后者指"外套、大衣"，后者表意比前者更为具体。

一般来说，学生在学习词汇时，主要依靠记忆词汇的基本信息即词汇的音、形和义，但词汇用法则需要通过大量的实践来进行学习和掌握。

4. 词的语法

词汇教学的内容还包括词汇的语法特点，简称"词法"。词法包括名词的可数与不可数、动词的及物与不及物、及物动词的句法结构等，如接什么样的宾语，是接不定式还是动名词，是从句还是复合宾语等，还有形容词、副词的位置等。教师讲解单词的语法特点时，应根据需要指出它的词类。如果单词是名词，要指出其单、复数形式，以及其复数的构成方法；如果单词是动词，则要指出该动词的词形变化。如果一个单词是具有双重词性的词，也应加以说明。

5. 词汇学习策略

教学的目的不只是传授知识，更重要的是培养学生的能力。也就是说，教师在教学中应侧重向学生传授学习技巧、学习策略，在词汇课堂教学中也不例外。词汇教学应该培养学生对于词的记忆技巧和学习词汇的策略。

根据词汇学习的特点，词汇学习策略可以分为以下 5 种。

①调控策略。调控策略属于元认知策略。词汇学习中的元认知策略指对整个词汇学习过程进行计划、实施、反思、评价和调整，以及对资源的使用进行监控等。

②认知策略。这是指为完成具体学习任务而采取的行为和方法，包括猜测词义、记笔记、利用上下文等。认知策略主要用于理解词义和了解词形阶段。

③记忆策略。记忆策略指帮助学生记忆单词的策略，例如根据构词法、上下义和分类方式记忆单词等。记忆策略主要用于单词的巩固记忆阶段。

④资源策略。资源策略是指通过接触新词帮助学生增加词汇量的技巧和方法，例如利用课外读物、音像制品、网络、广告、字典等方式学习词汇。

⑤活动策略。活动策略是指通过课堂上组织的真实的或模拟的语境运用词汇，如讲故事、写信与他人交流沟通等。活动策略主要用于活用词汇阶段。

以上这 5 种词汇学习策略在词汇教学中是不可缺少的，这 5 种策略也是相互促进的。

（二）词汇课堂教学的目标

伯托尔德·劳费尔（Berthold Laufer）经过研究认为，英语学习者在学习英语时，如果所学英语词汇量达到 5 000 个词，其阅读一般报刊图书的正确率是 59 %；如果词汇量达到 6 400 个词，则阅读正确率可达 63 %；如果达到 9 000 个词，阅读正确率就可达到 70 %以上。由此可知，词汇量的多少与阅读能力的强弱有着紧密的关系。因此，我们可以说，英语词汇量的多少反映着英语水平的高低以及英语应用能力的强弱。

学生的词汇学习过程是一个不断递进、不断循环的语言技能发展过程。英语词汇学习既包括知识的学习，又包括技能的学习，而且对知识和技能的学习既有量的要求，又有质的目标。与英语的其他教学目标相比，英语词汇教学的目标更为具体和明确，无论是中小学的课程标准，还是大学的英语课程教学要求，或者是高等学校英语专业英语教学要求，都对词汇教学提出了明确的数量要求以及一定的质的要求。

在不同的教学阶段，对于不同的教学对象，词汇教学目标也应该有所区别。但是，在众多的英语词汇中，总是有些使用频率高、实用性较强的词汇，于是就形成一个词汇表，国外学者根据伯明翰语库的英语单词使用频率统计，提出了使用频率最高的 200 个词组成的英语词汇表，这可能是英语词汇教学中最小的词汇表之一。尽管只有 200 个词，但是毫无疑问，这个最小词汇表为英语教师进行英语词汇课堂教学提供了一个核心，对英语词汇教学起到了一定的辅助作用。

为了明确英语词汇学习的目标，以及更有效地进行词汇教学，我们还可以对词汇进行细化。对词汇进行细化，可以把词汇分成听力词汇、口语词汇、阅读词汇、写作词汇四个方面。对于英语学习者来说，他们掌握的阅读词汇量最大，口语词汇量最小。在具体的应用中，运用得越多的那个技能，其相应的词汇量就越大。一般说来，阅读词汇量大于听力词汇量，听力词汇量大于写作词汇量，写作词汇量大于口语词汇量。当然，这四个部分的词汇是可以相互转化生成的。

二、词汇课堂教学中常见的问题

语音教学要示范，语法教学要讲解，但是英语词汇都有中文解释，学生可以自己查字典，自行理解、背诵和记忆。因此，相对于语音教学和语法教学而言，词汇教学比较容易。但是，仍有不少学生对单词听不懂、记不牢，无论是在听力测试题、阅读题中，还是在情境对话题、写作题中，学生往往因为词汇障碍而听不明白、读不明白、说不出来、写不出来，从而对英语词汇学习失去了信心，甚至具有恐惧心理。这种现象的出现，主要是因为我国的英语词汇课堂教学中还存在种种问题。下面我们就对其中的常见问题进行分析。

（一）教学方法单一

目前，我国的英语词汇课堂教学的教学方法相对比较单一。很多教师在英语词汇课堂教学中都采用“教师领读—学生跟读—教师讲解重点词汇用法—学生读写记忆”的方法。这种教学方法单调、被动，还让学生感到枯燥、乏味，久而久之，学生在一定程度上会对英语产生厌倦的情绪。有的教师为了赶上教学进度，没有在课堂上安排时间教授词汇，而只是让学生自己读或者全班齐读词汇表；还有的教师在课堂上一次性花费大量时间一个个讲解词典上某些单词的各种用法和例句，学生不停记笔记。这些教学方法都比较刻板、枯燥，很难使学生对英语词汇学习产生兴趣，也很难取得较好的教学效果。

针对这种情况，教师应该积极改进词汇课堂教学方法，充分调动学生的积极性，进而提高学生学习词汇的兴趣，最终提高教学效果。

（二）忽视学生主体地位

教师在词汇教学中应该尊重学生的主体地位，不能只是灌输知识，更重要的是开发学生的智力和能力。这意味着教师应该注重培养学生的观察、记忆、想象、思维和创造能力。然而，在我国的词汇教学中，往往是由教师代劳，代替学生归纳和总结词汇规律，这种方式在一定程度上忽视了学生的学习过程。实际上，教师的角色应该是引导者而不是主导者，要时刻记得学生才是英语学习的主体。因此，教师应该引导学生自己总结规律，而不是直接告诉他们答案。只有当学生真正掌握了学习方法，他们的词汇学习才能做到事半功倍。

（三）缺乏系统性

词汇不是孤立的单词，而是与语音、语法、句型和课文相互关联的。此外，词汇也贯穿于听、说、读、写的各个方面。因此，英语词汇并不是零散的，而是具有一定的规律和体系。在词汇教学中，教师应该充分运用整体教学法，以增强词汇教学的系统性。这意味着教师应该帮助学生理解词汇的内部联系，包括形、音、义、构造和用法等方面。

但是，纵观我国的英语词汇教学，就可以发现我国词汇课堂教学中普遍存在这样一个缺点——孤立地教词，孤立地讲解，孤立地传授太多、太细、太碎的词汇知识，词汇教学缺乏系统性。例如，教师在课堂上集中教授单词，或指导专门记忆，学生词汇记忆依靠死记硬背。我们知道不少教师只是按照教材一课一课地向前推进，词汇教学前后联系薄弱，系统性不强，使学生学了新词忘了旧词，或者越学越混乱。词汇的意义和用法离不开具体的语境，而实际上，教师向学生呈现的词汇意义和功能脱离语境，并且随后缺少相应的复习或巩固，即使有词汇练习，通常也是偏重机械性、控制性、强化记忆的类型，这使词汇学习的方法呆板、单一，词汇复现率低，从而影响学生词汇能力的发展，学生的词汇运用水平比较低且无法将消极词汇转化为积极词汇。

词汇具有自成系统的特点，并且存在一定的内部规律性，但教材编排往往无法完全按照词汇系统的顺序进行。要想真正体现词汇的系统性和规律性，还是要靠教学方法。然而，教学方法在这一领域的重要性往往未能得到足够的重视。教师应该深刻认识到词汇课堂教学缺乏系统性，并尽快解决这种教学问题。

（四）重语义轻用法

我国的学生在学习英语单词时，往往只注重词义而在一定程度上忽略了词汇的用法。这就导致学生在阅读文章时，虽然能够读懂，可是一旦在写作或口语表达时，却不知道该用哪个单词、怎么运用，造成学用脱节。

（五）过分注意汉语意义

我国许多学生在学习英语之初，过分注意单词所对应的汉语意义。这在初学之时，由于词汇较少而且简单，尚能应付，但随着词汇量的不断增加，学习内容的不断深化，年级的不断增高，这种学习方法就会令学生越来越吃力，甚至力不从心，于是词汇的记忆便成为他们学习英语的障碍，随后便逐渐对英语词汇产生畏惧、厌烦的情绪，甚至会放弃英语词汇的学习。因而在记单词的时候，要教会学生结合上下文和相关的语境，并进行知识的积累，而不是死记硬背。

三、词汇课堂教学的原则与策略

词汇教学是英语教学中较难把握的项目，同时也是英语教学的重要内容。甚至可以说，英语教学的成败取决于词汇教学的成败，而词汇教学的成败取决于词汇教学原则和词汇教学策略的实施。因此，我们必须明白英语词汇课堂教学应该遵循哪些原则，采取哪些教学方法才能够取得较好的教学效果。

（一）词汇课堂教学的原则

在英语教学中，每一个项目都有其教学原则。这些原则可以指导教师和学生更好地进行词汇的教与学，有助于提高英语教学的效果。下面我们总结一下词汇教学的原则。

1. 直观性原则

在英语教材中，大部分词汇都是活用词汇。具体地说，大部分都是一些常见常用的词汇，或者说是与可以直接观察到的事物相联系的名词、动词、形容词和人称代词。例如，表示周围事物的 window，door 等；表示事物外在特征的 big，small，tall，short，thin，fat 等；表示颜色的 blue，green 等；表示人称的 I，you，he，she，their，our 等；表示常见动作的 walk，sit，stand up 等；表示人的感觉的 cold，hot，cool 等；表示人对事物评价的 bad，excellent 等。因此，在英语词汇课堂教学中，教师可以设计各种各样的语言环境，以直观的形式把枯燥的词汇展现出来。

直观化的教学形式可以促使学生将词汇与客观事物联系起来，带领学生置身于具体的环境之中，集中吸引学生的注意力，激发学生的英语学习兴趣和积极性，有助于学生理解所学词汇的含义。教师可以借助多种方法使词汇教学直观化。例如，可以利用实物、音像、幻灯片、简笔画等形象性教具或者形象生动的语言来教授英语单词。教师可以选择以下 3 种直观教具教授词汇。

①实物直观。即要求教师注意利用教室的环境就地取材，或提前准备物品直观呈现语言项目。

②形象直观。主要指教师运用模型、图片、卡片、简笔画、电教设备等模拟实物的形象来呈现语言项目。

③言语、动作直观。主要指教师充分发挥听、说、唱、做、演、画等多种才能，通过生动的语言、丰富的表情、形象化的动作吸引学生的注意力，帮助学生理解单词，识记语言项目。

通过这些直观方法的运用，教师能够充分调动学生多种感官的参与，使他们在看得见、听得到、摸得着的教学过程中学习单词、发展思维、培养能力、刺激记忆。

2. 情景性原则

传统的词汇教学方法通常是按照一定的顺序，即先教授单词的读音和拼写，然后再解释词的构成和语法范畴，接着再讲解词的各种意义和用法，最后进行造句练习。然而，这种将单词的读音、拼写、语法、意义、用法和运用相互孤立的教学方法容易让学生感到枯燥无味，不仅不利于学生理解和掌握所学的单词，而且会在一定程度上打击学生对英语词汇学习的积极性。

在实际的语言交际中，人们通常是以句子为单位来表达自己的思想，而单词则是组成句子的基本单位。因此，词汇的教学不能孤立地进行，而是应该与句子、语段和情景结合起来一起进行教学，使学生能够更好地理解词义，掌握词的用法。通过设置情景，教师可以创造出一定的语言环境，让学生置身于其中进行语言练习，这样教授单词不仅可以帮助学生更好的理解词义和加强记忆，而且有助于学生在交际中恰当地运用所学的单词。此外，有的词汇有许多语音特征以及变化规律，而这些内容只有在具体的情景中才能被体现出来。因此，教师应根据教材内容，创造各种语言情景，只有通过结合情景的词汇教学，学生才能更好地理解和应用英语词汇，从而提高他们的语言交际能力。

具体情景教学是指教师借助实际生活情景、模拟交际情景、表演情景、直观教具情景、想象情景等方式，为学生创造一个集视、听、说于一体的语言环境。这种情景教学使学生仿佛身临其境，能够更好地调动他们的非智力因素，加深对学习对象和课文内容的理解，从而更好地掌握所学知识。在具体情景中讲授单词不仅可以帮助学生理解单词的多种词义，而且能够帮助他们学会在实际的交际中恰当地使用所学的单词。通过创造各种情景，教师能够引导学生将所学的词汇应用到实际的语言环境中，从而提高他们的语言交际能力。

3. 综合性原则

这里的综合性原则是指将一个单词的形、音、义结合起来进行教学。每一个单词都包括形、音、义三个要素。形，即拼写，是词的书写形式；音，即读音，是词的语音形式；义，即词汇意义和语法意义，是词的含义。这三个要素并不是相互孤立的，而是相互联系、相互影响的。因此，在进行词汇教学时，必须将这三个要素结合起来，进行综合性教学。在将一个单词的音、形、义结合起来进行词汇教学时，为了提高词的教学效率，还应该采取一些策略。

在词汇学习中，将单词按照形、音、义的规律进行归类是一种非常有效的方法，可以帮助学生提高单词记忆的效率。在记忆单词的过程中，我们需要认识到单词的形、音、义是一个有机的整体，同时也要注意到它们之间存在错综复杂的关系，既有统一的一面，也有不统一的一面。而这些形、音、义不统一的现象就是词汇学习的重点。对单词的音、形、义进行归类，可以按以下两种方式进行。

①同音、同形、异义。

例如：right，n. 右方，权利；adj. 正确的，右边的；adv. 顺利地，立刻；vt. 扶直。

②同音、异形、异义。

例如：meet（遇见）meat（肉）；two（二）too（也）；week（周）weak（弱）。

通过对单词按音、形、义进行归类学习，可以有效区分单词，降低单词学习的难度，从而有效记忆单词，提高单词学习的效果。

我们还可以结合词组、句子进行词汇教学。对于有些单词，如果孤立地记忆它们的音、形、义，学生会觉得很困难。但是，将它们放在一些词组和句子中，就可以增强对这些词汇的理解记忆，提高记忆效率。

例如：

Don't write on the blackboard.

不要在黑板上写。

Fight for the right.

为正义而战。

We have the right to vote.

我们有选举权。

因此，教师要指导学生结合词组、句子记忆单词，引导学生养成结合词组、句子学习单词的习惯。

4. 系统性原则

系统性原则是指将每个单词与其他单词联系起来，将一个单词置于整个单词系统之中进行综合教学。

英语词汇虽然数量庞大，但其基本成分是有限的，都是由 26 个字母组合而成的。因此，每个英语单词都与其他单词有着紧密的联系，它们共同构成了整个英语词汇系统。在词汇教学中，教师应该引导学生认识到这种系统性和联系性，帮助他们理解英语词汇的变化规律和转化规律，从而使记忆变得更持久，为他们的语言学习打下坚实的基础。教师在备课时应研究新词和旧词之间的联系，通过这种联系让学生复习旧词汇、学习新词汇。

例如：

利用形、音联系学习词汇：pen—open—spend—end—lend—expensive，book—look—cook—took，talk—walk—wall—tall。

利用意义联系学习词汇：student—study，airport=air+port，headache=head+ache。

利用用法联系学习词汇：listen（to）—hear，fish—to fish，get out—go out，have a look—take a look—look。

在词汇中，许多单词都拥有共同的前缀或后缀、有相同的词根或词源，正是由于词汇之间有这种联系，教师才能够利用它来教授英语。通过学习这种联系，不仅可以帮助学生更快地记住单词，巩固旧词，而且可以培养学生通过推理思考来学习的习惯，使学生对词汇有限的知识转化为无限生成单词的能力。

5. 学以致用原则

学习词汇的目的在于能够在实际交际中灵活运用，因此教师在词汇教学中应该重视学生对词汇的灵活应用能力。仅仅掌握词汇的形式和意义是远远不够的，学生需要通过实际运用来加深对词汇的理解和记忆。

教师在鼓励学生对词汇学以致用的过程中要注意以下 4 点。

①鼓励学生建立起自己的词汇联想体系。

②根据人的记忆特点以及遗忘规律，增加词汇的复现率。

③组织符合学生特点的活动，使学生在活动中运用词汇，进而掌握词汇。

④掌握词汇练习的节奏，确保练习的质量。

6. 循序渐进原则

英语学习是一个循序渐进的过程，同样，英语词汇学习也是一个循序渐进、逐步递进的过程。英语词汇总数达到上百万，并且有些简单，有些复杂。因此，词汇教学应该遵循循序渐进原则，而不能毫无层次、毫无系统地进行教学。在词汇教学中，讲解词的意义和用法应该遵循由少到多、由易入难、由浅入深的原则。这意味着教师在初次讲解词汇时，不应超出学生所学材料的范围，要根据教材中出现的新知识和新内容，逐步扩大学生的学习范围，加深学生对词汇的认识。特别是在词汇学习的起始阶段，教师应该采用由旧到新的方法，即在学习新的词义和用法之前，复习已经学过的意义和用法。这样可以巩固学生已有的知识，并为他们接触新知识打下坚实的基础。此外，教师在讲解词汇意义和用法时，需要根据学生的英语水平来确定教学内容。不能提前讲授学生尚未接触到的词义和用法，以免超出他们的理解能力。总之，词汇教学要步步为营、层层递进、循序渐进，不能追求一蹴而就，一下子向学生讲解一个词的所有知识。否则就会弄巧成拙，不利于学生掌握该词的意义和用法。同时，当学生达到了较好的词汇理解程度时，应尽可能地拓宽学生的知识面，使学生了解一个单词的多种用法，掌握一个单词在不同语境中的不同用法。

7. 重复性原则

"学得快，忘得快"，这是当前英语学习者英语词汇学习过程中的通病。这一通病存在的原因是未能及时复习巩固、未做到反复练习。根据赫尔曼·艾宾浩斯（Hermann Ebbinghaus）的遗忘曲线规律，遗忘的进程是不均衡的，在识记后最初的一段时间遗忘得比较快，而后逐渐变慢，在识记后相当长的时间后，几乎就不再遗忘了，这就是遗忘的发展规律，即"先快后慢"。一般来说，第一天遗忘速度最快，学得的知识在一天后，如不抓紧复习就只剩下原来的 25 %。随着时间的推移，遗忘的速度减慢。到了第六天后，遗忘就很少发生了。也就是说，如果学生学习的新知识到第六天还没有被遗忘，那么很有可能会永远记住它。可见尽管遗忘是自然而然地发生的，但是防止或减少遗忘也是可能的。要使学生牢固地记住词汇，教师不仅要教给学生一定数量的单词，而且要帮助学生与遗忘作抗争，通过反复练习掌握所学的单词。有些教师认为教单词是教师的工作，而记单词则是学生的任务，这种想法是非常片面的。教师在教授单词后，只是单纯要求学生通过多遍抄写和背诵来记忆单词，难以帮助学生掌握词汇。在学习单词后，在一定时间内反复进行听、说、读、写、译多种形式的练习活动，才能做到加深对单词的理解，巩固对单词的记忆，最终学会灵活运用。因此，教师在教完新单词后，要尽早指导学生对所学单词进行复习，让学过的单词有计划地、系统地复现在教学活动中，提高单词的重复出现率，达到巩固记忆的效果。

（二）词汇课堂教学的策略

词汇课堂教学是英语教学的重要组成部分，而词汇课堂教学的策略直接影响着词汇教学的效果。从词汇课堂教学的过程、结果以及词汇课堂教学的内外条件来看，词汇课堂教学的策略与词汇学习的积累、记忆、理解和运用紧密相关。一般而言，人们将词汇课堂教学策略分为词汇呈现策略、词汇记忆策略、词汇应用策略和词汇评价策略。下面我们对这些策略进行介绍。

1. 词汇呈现策略

英语教师进行词汇教学时，首先要呈现词汇，让学生认识词汇。其次，不同的教师呈现词汇的方法各不相同，而且教师在具体的教学过程中选择合适的词汇呈现方法时，应该考虑词汇特点、学生的年龄和水平等因素，以求取得最佳的词汇课堂呈现效果。下面我们对 8 种比较有效的词汇呈现策略进行介绍。

（1）直观性策略

采用直观性策略进行词汇教学有助于学生理解词汇，加深学生对词汇的印象。直观性策略既包括采用实物、图片、录像片段等生动形象的直观事物呈现词汇，又包括教师采用肢体语言和表情呈现词汇。下面，我们对这两类直观性策略进行介绍。

①利用形象事物。在词汇课堂教学中，教师要善于利用形象的事物辅助教学，以提高词汇教学的效果。第一，教师可以利用实物辅助教学。可以把词汇相关实物呈现在学生面前，学生边看着实物边记忆单词，就可以加深对单词的印象。第二，教师还可以使用图片、简笔画等辅助英语词汇课堂教学。图片的使用可以让学生对一些难以想象的东西进行直观理解，有助于提高学生的英语语言交际能力。例如，在教动物类单词时，教师可以先把有关动物的图片贴在黑板上，再在旁边写上相应的单词。这种方式可以提高学生的注意力以及学习积极性。第三，教师还可以利用录像、投影、课件等多媒体设备辅助词汇课堂教学。这些现代教育技术的使用不仅可以给学生提供视觉新感受，而且可以帮助学生掌握正确、自然的语音、语调，课件的使用可将画面由静变动，加深学生对语言的理解和情景的把握。

综上所述，利用这些形象化的事物辅助英语词汇课堂教学，可以将所学单词及其相应的意象直接联系起来，不仅有助于学生理解单词、记忆单词，而且能够激发学生的学习兴趣，从而提高学习效率。因此，教师在教学中应该善于利用这些形象直观的事物辅助词汇课堂教学，以提高词汇课堂教学的效率和质量。

②借助动作、表情、声音等。在词汇课堂教学中，教师还可以借助肢体语言

和表情呈现词汇。在课堂上，教师的一举一动都可以轻易地吸引学生的注意力。因此，教师可以使用形象幽默的肢体语言和丰富直观的面部表情使枯燥的词汇课堂教学变得生动活泼，使词汇课堂教学达到事半功倍的效果。教师可通过动作、表情、声音等呈现单词，表达单词的意思，如在呈现 frightening 和 frightened 这两个单词时，教师可以先给同学们看一张恐怖电影的海报，然后一边表现出非常惊恐的表情一边说："Oh，this film is so frightening.I feel frightened." 同学会看着教师夸张的表演哈哈大笑并同时对这两个单词的用法加深印象。

当然，教师在运用肢体语言时要特别注意尺度，太拘谨表达不出意思，太夸张则会弄巧成拙，这都达不到教学的效果。总的来说，利用肢体语言和表情呈现词汇是十分有效并且有趣的词汇教学方法。这种方法简单易用，可以有效激发学生的学习积极性，并帮助学生有效记忆单词，因此，教师可以将这种方法广泛地应用于英语教学当中。

（2）语境策略

语境即上下文，也就是词、短语、语句或篇章及其前后关系。英语词汇中，同一个单词往往有多种含义，一个词在实际应用中的含义通常要结合其语境进行理解。同个单词在不同的语境中会有不同的意义。例如，white 既可以表达"白色"，又可以传达"纯洁""信任"等含义。因此，教师在教词汇时应该通过上下文展示词汇。教师可以先提供一个语境，让学生猜测词义，再提供正确的词义。

（3）情景策略

词汇的情境性是指词音、词义、词形的结构和搭配用法等都具有很强的民族性，受到社会文化环境、言语情景的影响。由于社会文化环境、地理环境的差异，不同的文化历史背景所形成的思维方式也各有不同。而通过创设具体情景、模拟交际情景、直观教具情景和想象情景等方法，教师可以帮助学生更好地理解和应用所学的词汇，提高他们的语言表达能力。

例如，教师在教授有关圣诞节的单词前，可以找一些关于圣诞节的图片、歌曲、视频等素材做成多媒体课件，在旋律动人的圣诞歌以及生动形象的圣诞节图片、视频的影响下，学生开始学习关于圣诞节的词汇。在这样的情景中，可以使学生的学习兴趣在不知不觉中得到提高，学生能充分进入角色并感受到圣诞节的气氛，从而依靠这个情景掌握有关圣诞节的词汇。

总之，教师要善于创造合理有效的情景，在情景中进行词汇课堂教学，并注意正确处理传授词汇知识与培养学生运用词汇进行交际的能力之间的关系，使词汇教学贯穿于实际的或模拟的听、说、读、写等交际活动中，把课堂当成实践场所。

（4）解释与举例的方法

在词汇课堂教学中，解释和举例的方法也是呈现词汇的常用方法之一。这一方法对呈现比较抽象的词汇或专有名词特别有效。英语解释法是用简单的、学生们熟悉的词汇来解释新的单词，使学生利用自己原有的知识掌握新单词的听、说、读、写。使用简单的英语解释单词一方面便于学生理解和掌握新的单词，另一方面训练了学生的听力，同时还可以使旧单词得到反复重现，使学生加深对单词的记忆。对那些意义抽象的词汇，教师除了解释还可以用举例说明、翻译的方式进行讲解，这样学生能更轻松地掌握词汇的意思。

（5）利用构词法及常见的词缀

英语词汇量十分庞大，但它本身并非无迹可寻，而是有其内在规律的。构词法就是英语词汇的内在规律之一，掌握基本的构词法有助于学生在英语学习中突破单词记忆的难关。有人统计，如果一个人学了 80 个英语词根和 50 个词缀，那么他就可以掌握 10 万个以上的英语单词。如能将同一词的所有派生词一起记忆，记忆就会变得轻松。

（6）利用同义词或反义词

利用同义词或反义词来呈现词汇能大大降低学生对所学单词的遗忘率。因此，在日常的教与学过程中，教师要学会利用同义词或反义词解释新词。例如，用 wonderful 引出同义词 terrific，用 warm 引出其反义词 cool 等。反义词在英语中随处可见，如 clean 与 dirty，wet 与 dry，first 与 last，go 与 come，put on 与 take off 等。英语单词的同义词并非是绝对的。例如，在不同的上下文中，nice 的同义词可能是 pleasant，kind，fine。根据这个特点，我们不能孤立地判断词的同义词，而应把它放在句子中来判断是不是同义词。

教师不仅要经常按同义词或反义词来归类，而且要注意同义词和反义词在用法上的不同，如 much 和 many 都表示“多”的意思，little 和 few 都表示“少”的意思，但它们的用法却有着很大的不同。much 和 little 用来修饰不可数名词，而 many 和 few 则用来修饰可数名词，因此不能互换使用。

可见利用单词的反义词和同义词呈现词汇也是一种有效的呈现策略，有助于学生理解单词、记忆单词，并掌握单词的运用，此外，还可以有效扩展学生的词汇量。

（7）利用词块呈现词汇

单独呈现词汇不便于学生理解单词，更不便于学生掌握单词的用法，而利用词块对英语单词进行教学，则有助于学生理解单词、掌握单词的用法。

词块就是词与词的组合，是一个多词的单位，一般指出现频率较高、形式和意义较固定的大于单词的结构。词块的结构比较固定，可以利用其作公式化的反复操练。利用词块教词汇就是将单词与词汇搭配、同定用法及词汇类别结合起来，一起教给学生；词块可大可小，小到一个词，大到一个句子。词块在结构、语义上具有整体性，学生掌握一个词块就可以掌握较多的单词。词块具有较强的语用功能，以词块为单位进行语言学习可以避免由于不符合语境而出现的错误。例如，在教 come across 时，要将它们置于具体的句子中，用其他同义、近义的词汇解释，而不可单独解释其中的任何一个词。在 I came across something 中 came across = met with。可见，利用词块呈现词汇不仅有助于学生扩大词汇量，而且有助于学生理解单词及其用法，同时还可以激活学生的语言表达能力。因此，教师在词汇课堂教学中要善于利用词块呈现词汇。

（8）分析易混淆词汇及常见错误

英语中有许多单词不仅词形相近而且词义相近，学生在学习和使用这些单词时容易误解、误用。因此，教师在词汇教学过程中要善于及时发现学生可能误解、疑惑的词汇，对这些词汇给予重点呈现和讲解，帮助学生正确理解和使用这些易混淆的单词。例如，对于 form 与 from，advice 与 advise，hard 与 hardly，invent 与 invite，decide 与 divide，choose 与 choice 等常被学生混淆的单词，教师要及时加以对比，并对常见错误进行分析，帮助学生加深对它们差别的认识，避免用错单词、写错单词。以上是一些常见的呈现词汇的方法。需要指出的是，教师在实际教学过程中要灵活、综合运用各种不同的词汇呈现方式，并为学生创造各种机会练习、运用词汇，从而使学生真正掌握词汇。

2. 词汇记忆策略

容易遗忘是英语词汇学习的一大难点。可以说，学习英语单词的过程就是与遗忘作斗争的过程。所以，了解词汇记忆的特点对研究词汇的教学策略有十分重要的意义。有学者经过研究得出下列结论。

①在词汇的学习过程中，分散记忆被证明比集中记忆更加有效。研究表明，将一组单词分成六次记忆，每次十分钟，其记忆效果将比一次学习六十分钟更好。因此，教师应培养学生分散记忆的习惯。

②学生倾向于一次只将一种形式与一种功能联系起来，这就意味着他们可能会忽视一个单词具有多种功能的事实。作为教师，应该顺应学生的心理特征，每次讲解应将重点放在单词的一个特定功能上，帮助学生理解和应用它。当学生掌握了这个功能后，再逐步引入其他功能，使他们逐渐理解并掌握多种功能。

③学生经常会为同义词辨析而感到困惑。作为教师，应该意识到这一点，并采取相应的教学方法来帮助学生更好地区分和应用这些单词。

④在单词的学习过程中学生的需求和兴趣起着至关重要的作用。当学生对所学单词没有需求或兴趣时，他们的学习就会变得被动，难以吸收新知识，并且所学的单词也难以在记忆中保存。因此，教师在词汇的教学中需要想方设法激发学生的兴趣，以提高他们的词汇学习效果。

3. 词汇应用策略

任何一门语言包含的知识量都非常丰富。就英语而言，其词汇量十分大，学生学习英语词汇是一个漫长的持续过程。因此，学生需要在英语学习的过程中不断巩固已经学过的词汇。对很多学生而言，巩固词汇要比学习新词难得多，常听学生抱怨学过的单词总是忘记，他们不断地学却不断地忘，这是因为学生对所学的单词缺乏运用。词汇的灵活运用是词汇学习中最为重要的环节，仅仅记住了词汇的拼写和意思是不够的，学生需要通过运用词汇来巩固和掌握它们。如果缺少词汇运用的环节，学生可能会忘记已经学过的词汇，或者无法正确地运用它们。因此，教师在词汇教学中，应该根据所教词汇的特点和学生的具体情况来设计一些词汇应用的活动。

（1）看图描述

看图描述可以用多种具体方式进行。例如，由一位学生根据所给单词，描述其特征但不能读出该词，另一位学生判断并说出该词；贴标签记单词，即学生用所学的英语单词给图片中的有关物体贴上标签，完成最快的、正确率最高的视为胜者；示图记单词，即学生在拿到不同的图片之后，通过问答，用英语说出各自图中所示不同的物品名称；说词画图，即一个学生手持一张图片，另一个学生则拿着一张空白纸和一支笔，手持图片的学生尽力用所学的单词来描述图片的内容，要求另一位同伴根据其描述在空白纸上画出图片内容。也可以由教师选择一些图片，让学生尽量用所学单词加以口头或笔头描述。选择的图片要内容丰富多彩，并具体直观，而不是抽象的。

（2）排列字母组成单词

即让学生在一个词或一串字母中找出尽可能多的词汇。这种练习有助于学生准确掌握单词的拼写。

例如：

①在 airplane 一词中找出尽可能多的词汇。

可以找出的词汇如下：ripe，lane，pile，plan，pan，pea。

②在“K、N、O、W、E、S、T、O、N、E、A、T、H、A、T、C、H、A、I、R、S、P、O、R、T、H、I、S、I、T”这一串字母中找出尽可能多的词汇。

可以找出的词汇包括：know，no，now，we，west，to，one，on，eat，or，this，his，hi，I，is，sit，it 等。

（3）利用联想巩固词汇

教师说出一个单词，如 travelling，学生在规定时间内写出和 travelling 相关的所有词汇，看谁写得最多。这种联想的方法可以使学生把词汇置于一个大的意义环境之下，而且联想的组合越紧密，越有利于词汇的记忆。另外，这种词汇巩固方法还可以帮助学生熟悉相关话题的词汇，从而有助于学生提高写作能力与交际能力。

（4）利用语义关系练习词汇

利用语义关系练习词汇的方法很多。下面是一些常用的方法。

①用语义场所形成的系统记忆单词。语义场是指词汇根据其意义的内在联系形成的一个系统（场）。将词汇根据需要分类形成一个个小系统，有利于整体记忆，扩大词汇量。比如：color，system，animal，food，vegetable，fruit 等语义场可帮助学生回忆出尽可能多的词汇。用语义场所形成的系统记忆单词，有利于学生在表达时使用和替换词汇。

②利用同义关系和反义关系巩固单词。即教师向学生提供一组词汇，告诉学

生其中包含若干组同义词和反义词，然后让学生将这些同义词和反义词分别列出，并根据语义对它们进行讨论。

③利用聚合关系和组合关系巩固词汇。

④利用全体与部分的关系记忆单词。

⑤利用词和概念的上下义关系记忆单词。如 animal 与 bird，fish，insect 等词形成上下义关系。

⑥利用构词法如词根、词干、前缀、后缀等复习一大批相关词汇。

英语词汇总量虽成千上万，但基本构词成分却是有限的。有的通过加前缀、后缀构成派生词；有的通过单词的组合构成合成词；有的通过读音的变化成为新的词语等。这些构词法对于单词的记忆和学习很有帮助，因此，教师要注重构词法的教学，使学生扩大词汇量，从而在很大程度上提高词汇课堂教学的效果。

（5）用词造句练习词汇应用

对词汇的意义有了清晰的理解，就可以开始进行造句练习了。这时，可以先通过模仿教材和词典中的例句进行练习。通过这样的练习，学生可以巩固所学词汇，并且逐渐培养起用词灵活的能力。相比于单纯地记忆孤立的单词，记忆典型例句并进行实践训练的效果要好得多。通过造句，学生可以明确词汇的词义及用法，这样更有助于记忆词汇，并灵活运用所学词汇进行表达交流。因此，造句是记忆、积累和掌握单词非常有效的方法。

（6）接龙游戏

接龙游戏包括字母接龙、句子接龙或扩写句子。在词汇课堂教学中加入适当的游戏活动，可以使学生们在轻松和谐的课堂气氛中练习词汇应用。字母接龙游戏就是用短横线表示需要填一个单词，每个单词最后一个字母是下一个要填的单词的首字母。进行字母接龙游戏有助于学生记忆单词的拼写形式。句子接龙游戏可以把所学单词复习一遍。扩写句子既可以练习词汇，又可以练习语法和句型。

（7）作文练习

作文练习可以帮助学生熟悉、掌握词汇的用法。通过让学生写作文，不但可以巩固学生对词汇的记忆，熟悉词汇的用法，而且可以锻炼学生的写作能力。教师可以给出一个作文话题及相关词汇，要求学生运用这些词汇进行写作。这样，学生可以在写作文的过程中熟悉、巩固新学的词汇。

总之，词汇应用的方法多种多样。教师要根据学生的年龄特点和知识水平，灵活运用各种方法帮助学生熟悉所学词汇的用法，切实提高词汇课堂教学的有效性，从而提高英语教学的效果。

4. 词汇评价策略

词汇评价是检验词汇学习效果的方法。通过词汇评价，教师可以得知学生对词汇的掌握程度，从而为自己调整教学策略提供依据；而学生可以了解自己在词汇学习中的收获与欠缺，从而作出改变。可见词汇评价有助于师生了解现状并加以完善，从而提高词汇教学的效率。

在英语词汇教学中，评价学生是否掌握一个单词的标准包含以下要点。

①发音正确。

②拼写正确。

③掌握词性。

④能够辨认这个单词的书写和口语形式。

⑤能够随意回忆起这个单词。

⑥能够将这个单词与一个恰当的实物或概念联系起来。

⑦能够将这个单词用在一个恰当的语法形式里。

⑧无论是在口语，还是在书面语中，学生都能够熟练地辨识和应用这个单词。

⑨了解并且掌握关于这个单词的搭配关系。

课堂上的词汇评价一般是通过完成完形填空、多项选择、听写、纵横字谜、句子、提问等方式进行的。教师要根据词汇教学所处的阶段以及学生的英语水平选择适当的词汇评价方式。

第二节　英语语法教学

语法在语言中具有重要的作用，语言的稳定性和传承性是由语法来保证的。互动语言学是近年来在国外迅速发展起来的一门语言学理论，它从哲学的高度对语法的作用进行深入阐释。通过对语法的学习和掌握，人们能够更准确地表达自己的意思，理解他人的意图，从而实现有效的交流和互动。

一、语法课堂教学的内容与目标

（一）语法课堂教学的内容

具体来说，语法教学的内容可以分为以下 3 个方面。

1. 语言形式与结构

语言形式、结构主要包括词法、句法等。其中，词法又可以分为词类和构词法。词类可以进一步分为静态词和动态词。静态词包括名词、形容词、代词、副词、数词、冠词、介词、连词、感叹词等。静态词并不是绝对不变的，如名词就有数、格、性等变化，形容词有比较级和最高级的变化。动态词包括动词以及直接与动词相关的时态、语态、助动词、情态动词、不定式、动名词、分词、虚拟语气等。构词法则讨论不同的词缀、词的转化、派生、合成等内容。

句法大致可以分为句子成分、句子分类、标点符号三个部分。句子成分主要包括主语、谓语、宾语、表语、状语、定语、同位语、独立成分等。句子的分类按句子的目的分为陈述句、疑问句、祈使句、感叹句等，按句子的结构分为简单句、复合句和并列句。与句子有关的内容还包括主句、从句、省略句等。标点符号也是句法学习的内容之一，此外还有词组的分类、功能、不规则动词等。

2. 意义与语义

语言的语意包括语法形式与结构的语法意义和内在意义。

3. 语用

所谓语用是指语言在一定的语境、语篇中的表意功能。

由此可见，语法教学在语言学习中扮演着极为重要的角色，其不仅要帮助学生掌握语言的形式和意义，而且要使学生清楚形式的运用。因为语言学习的最终目的是交际，所以语法教学应赋予语法以交际意义，帮助学生在实际的交际中灵活运用语法规则，以实现有效的交际和沟通。

（二）语法课堂教学的目标

英语语法教学的目标大致可分为两个阶段，即初级阶段目标和高级阶段目标。初级阶段目标为“知”，高级阶段目标为“能”。在初级阶段目标和高级阶段目标之间存在一个过渡阶段，就是“练”。“知”是语法教学目标的初级阶段。所谓“知”，就是要掌握英语语法知识，了解其内容，明白其原理，知道其规则。

学生掌握了这些知识，就可以说达到了掌握这一语法规则点的初级阶段。“能”是高级阶段的语法教学目标。所谓“能”，就是能够在语言活动中正确运用语法规则，所用语言形态能够准确表达其所要表达的语义，并且符合其相应的语境。“练”是由“知”向“能”过渡的阶段。过渡阶段本身不是目标，而是一个过程，一个实践的过程。在这个过程中，“知”向“能”转化。这一阶段的特征是，学习者对语法规则点的“知”，正在逐步转化为“能”，在有些点上，已经上升为“能”，而在另外一些点上，还没有上升为“能”。某些上升为“能”的“知”尚且不稳定，有时表现为“能”，有时表现为“不能”。“能”，作为高级阶段的语法教学目标，也是英语语法学习的终极目标。达到终极目标并不一定要先达到初级阶段目标，也就是说，能够在语言活动中正确运用语法规则，并不一定要先掌握上述语义、语形和语境知识。但是，对英语学习来说，学习和掌握英语语法知识，可能是达到这一终极目标的最可靠、最有效的途径。

事实上，就母语而言，大多数人的语法能力都能达到高级阶段的目标，却很少有人拥有系统的母语语法知识。这一事实说明，正确地应用语法规则无须具备系统的语法知识。鉴于此，有些学者特别是交际学派认为，这种母语语言直觉的获得途径可以在英语学习中加以复制，因此交际学派倾向于取消语法教学，主张通过语言交际活动，自然而然地习得英语语法规则，达到能够正确运用语法规则的终极目标。

然而，交际学派的这种观点在某种程度上失之偏颇。母语语言直觉的获得途径在英语学习中无法复制，但可以重建。曾葡初认为，“以两种语言的相同而同之，以相异而异之，使外语语育规律在认知得到强化。教师在教学过程中要尽量促进正迁移，同时克服负迁移所带来的不利影响，以帮助学习者更快、更有效地学习。”①

由此可以看出，英语语法教学的最终目标并不是掌握英语语法知识本身，而是能将英语语法知识转化为在英语实践中的有效运用。

① 曾葡初．英语教学环境论 [M]. 北京：人民教育出版社，2005.

二、影响语法课堂教学的因素

（一）语感

所谓语感，就是指人们对语言的感知能力。它是一种天生或后天养成的特殊直觉，表现为对语言的自然亲和力、吸收能力、模仿能力、应用能力和创造能力等。每个人都拥有语感的潜能，只要得到适当的开发和培养，就能成为语言智能的重要组成部分。

语感的培养对学生学习语法和提高语言能力具有重要的作用。在英语语法教学中，英语教师的一项重要任务就是帮助学生开发提升他们的语感能力。因为当学生的语感能力得到提升时，教师在语法教学中会相对轻松一些。学生可以更自然地感知语法规则的用法和意义，从而更轻松地掌握和运用语法。

（二）思维

语言是一个庞大的系统，而语法是这个系统中最具系统性的子系统。在英语语法的学习中，正确地归纳和演绎都有助于对各种语法规则和句型结构的理解和掌握。研究发现，学习者的逻辑推理能力与英语语法学习的结果有着十分明显的正相关关系。教师在语法教学中可以通过对知识点的分析和归类，培养学生的逻辑推理能力，推动学生的语法学习。

（三）动机

学生的学习动机是影响语法教学的重要因素，学生如果没有动机，英语学习就没有方向，没有目的。学生的语法学习动机通常有两种类型：一种是以交际成功为原则，另一种是以融入英语文化为目的。这两种动机的共同点是都能促进学生的语法学习，但是学习的目标和方法却不太一样。第一种类型是为了达到交际的目的，至于语法是否正确、结构是否优美则不太关心。第二种类型是追求语法的尽善尽美，注重语法的结构，并努力使自己的言语优美正确。因此，在英语语法教学中，教师应充分了解学生英语学习的动机，适时对他们学习过程中的错误进行纠正。

（四）语境

一般说来，与目的语的接触多少，即暴露在目的语的影响之下的时间长短，对目的语的语法教学起着一定的作用。针对这个因素，教师在英语教学中应该多说英语，有条件的话，可以把英语课变成全英语课堂，让学生具备学习英语的语境，此外，教师还可以组建“英语角”，让学生在课余的时间也能进行充分的练习，在练习中巩固所学的语法知识。

三、语法课堂教学的原则与策略

（一）语法课堂教学的原则

1. 以学生为中心原则

在整个英语教学包括语法教学过程中，都应当贯彻以学生为中心的原则。无论是学生还是教师都已经意识到，学习不再是单纯接受知识的过程，而是学习者一起参与各种学习活动的过程。大学英语教学改革的目的是促进学生发展英语的综合应用能力，而语言应用也是习得过程的一部分，因此，课堂上适当减少语言知识的传授、增加语言应用活动非常必要。对语法课堂教学来说，应从单纯的知识灌输转向以学生为中心的活动展开，在活动过程中，通过学生的参与、感知、体验和实践来共同完成知识建构、语言和言语的能力提高，同时也给了学生自己动脑总结出语法规则、发现语言规律的机会。教师应该努力把语法规律的发现、讨论、学习和吸收交给学生自己去进行，学生在自己“发现”语法规则的过程中能够感受到学习语法的乐趣，并产生成就感。

学习简单来说就是知识输入并经消化，转为知识输出的过程。在这个过程中，外部的知识输入是一个方面，但学生个体在社会互动活动中对输入知识的处理、转换和内部生成更为重要，学生自己讨论总结过的语法点，在以后的语言输入中，会更容易意识到这些语法现象，这样不断地强化，可以促进学生内隐的语言知识系统的重构。因此，教师在传授语法知识的同时，更要有意识地培养学生概括问题、分析问题的能力，提高学生的语言欣赏、语法辨析能力。

总而言之，教学一定要以学生为中心，为学生提供足够的时间和机会参与语言运用实践。通过参与实际的语言交流活动，学生可以更好地理解和应用所学的语言知识，激发学习兴趣和主动性，并延长对语言信息的储存和记忆时间。这样的教学方式将使学生在语言学习中更加积极主动且有效地提高语言能力。

2. 效率原则

课堂活动的有效开展是语法教学有效性的保证，因此任何时候都要注重教学效率的提高。坚持效率原则要求做到以下 6 点。

（1）明确目的

语法活动的目的可以是语言层面的，也可以是超语言层面的，如解决问题、计划出游、野餐、采访等，但语言层面的活动常使活动显得比较单调乏味。即使是语法练习也应以信息和任务为目的，使学生运用所学语言语法知识完成所接受的任务。

（2）练前准备

这里的练前准备是指在真正进行语法训练之前必须有展示阶段和解释阶段，当学生完全清楚所学的语法概念之后才可进入语法练习阶段。

（3）增加活动的种类

过于单一的教学活动会使学生对语法教学生厌烦心理，不利于学生学习兴趣的激发。而变化是学习的调料，是教学的调节剂。由于学生水平的差异，课堂上活动任务应有一定的梯度，使各层次的同学都能学到东西。

（4）确保学生参与

在语法练习过程中，要尽量确保学生都能参与进去。此外，为了增加学生的参与量，一般以两人活动和小组活动的方式为佳。

（5）保证练习的有效性

语法教学不同于其他教学，必须保证学生能够正确地使用新学语法规则。保证练习的效率不只是有错必纠，而是纠错后要有充分的机会让学生感受成功。这种成功可增强学生的自信，营造轻松的课堂气氛，激发学生的学习动机。

（6）课堂的评估

课堂的评估是对一堂课的综合验收，是对课堂教学效果的评价，是对学生学习结果的评价。一般的语法课堂在结束阶段应该有语法测试类的检查测试。

3. 动机原则

动机是一切教学活动的保证，语法教学也不例外。在大部分学生对语法都缺乏兴趣的今天，动机的激发在语法教学中就显得愈发重要。事实上，在语法教学中的很多原则都体现了对学生学习动机的培养，因此我们将它们统称为“动机原则”。下面我们介绍 4 种体现动机原则的方法。

（1）坚持个性化

所谓个性化是指活动的源泉应来自学生的亲身经历、学生的情感、学生的观点等，个性化活动有助于学生进行真实的交流，并于思想交流之中内化语言规则。大卫·纽南（David Nunan）认为，将教学内容个性化可以使学生的常识或经历与将要学习的语法知识产生联系，而个性化任务的布置也有利于学生个人真实情感、态度或见解的表达。①

（2）保持适度紧张

一般来说，学生喜欢稍带挑战性的活动，这说明活动本身不可太容易，应能给学生制造一定的紧迫感。教师在讲解语法知识之后，可以让学生做练习，可以是口头练习，也可以是习题集训练。教师应该把练习活动安排好，使学生适度紧张，带有一定的紧迫感，而不是放任，不闻不问。

（3）形式与意义相结合原则

语法练习多注重语言形式，这也是语法练习不能激发学生兴趣的原因。练习不仅应以意思的传达为重点，还应能制造一种信息沟，激发学生的好奇，从而参与活动获取信息。黛安娜·拉森 - 弗里曼（Diane Larsen-Freeman）的三维语法教学法则主张先接触语言形式，然后向学生解释语法规则的道理，通过真实的交际活动来运用语法规则。

（4）保持开放性

语法练习以控制性机械练习居多，难以激发学生的参与热情。自由、自主是人的基本需求之一，如果允许学生按照自己的意思开展活动，学生的兴趣自然可以得到激发。

4. 层次性原则

做任何事情都要有一个循序渐进的过程，语法的教与学也不例外。按照认知心理学阶段发展观点，人们对事物本质发展规律的认识都是渐进的，是由浅入深、由简到繁、由低到高、由旧到新不断变化和巩固的。这个规律同样也适用于英语语法的教学，因为英语语法也是具有层次性的，所以教学过程也应该由低层次入手，然后逐渐往高层次上升。在教学过程中，学生对一个简单的语法点的掌握不是一次完成的，而是经过多个阶段的发展后才能够真正掌握。同时，一个语法项

---

① 大卫·纽南. 语法教学与研究 [M]. 北京：高等教育出版社，2007.

目涵盖很多内容、规定和特殊用法，教师应注意分清主次，不要期望学生一次就完全掌握某一现象的所有应用。教师应该循序渐进地引导学生发现一些特殊用法，让他们在学习中逐步理解和掌握。此外，针对语法点的教学，循环往复是必要的，但要注意往复的变化。往复并不是简单地重复，而是在语境发生变化的基础上，添加少许新的内容。通过不断变化的重复，学生可以更好地巩固和运用所学的语法知识，加深对语法规则的理解和掌握。

语法教学不但要注意系统条理性，还要注意层次性。做到由表及里，由浅入深，由一般到例外，循序渐进。当然，并不是说任何时候都要按部就班地讲求循序渐进，当学生对语法已经有了一定程度的学习之后，教师可以从实际出发，根据学生的具体特点，有所跳跃、有所侧重、有所循环。实际上，语法层次和语法项目在纵向和横向上都有许多延伸。因此，语法教学在纵向上应按照由易到难的教学顺序；在横向上，可依据学生对语法项目把握的实际程度决定教学的先后次序，从而提高学生英语的“编码”和“解码”能力。

5. 重点突出原则

语法原则要遵循循序渐进原则，但是当学生的水平达到一定阶段，就要遵循重点突出的原则。这一原则要求教师在教学过程中做到强化重点、突破难点。具体来说，教师要清楚了解学生对语法的已掌握情况，经常复习一些常用的语法项目，对一些重要的、学生又还没有掌握的语法项目更要作为教学活动安排的重点。而对于那些学生已掌握了规则的语法项目，可以灵活安排其在不同的语境中出现，做到形式与使用的结合。语言学家胡壮麟认为，语法的学习应将重点放在缺什么补什么上，没有必要全部重学。① 这就要求教师善于发现并抓住学生英语学习过程中出现的普遍性的语法错误和反复出现的顽固性语法错误，然后安排相应的课堂语法教学活动。例如，对于大学英语语法教学来说，教师可以借鉴基于语料库的语法研究的成果，了解学生的实际语法水平，确立大学语法教学的教学内容和重点语法教学项目，避免与中学语法教学重复。

在我国，绝大多数大学英语教学并没有专门安排语法课，很多学生的语法水平并不过关。因此，教师在具体教学过程中可以就一些比较突出的语法问题展开教学。即每次可围绕一个语法点，分不同时间多次进行，每次的教学情境都要发

① 胡壮麟. 语言学教程 [M]. 北京：北京大学出版社，2006.

生变化，分别有不同的教学目标，选取不同的着眼点，这样学生可以获得对同一语法点的多方面理解和应用。

6. 真实性原则

认知心理学认为，如果输入大脑的信息具有一定的趣味性、实用性或与日常生活经验结合紧密，那么当它到达大脑这一中心加工器时，便会产生兴奋的情感，输出活跃的思想与行为。语言活动就是交际双方彼此理解和建构话语的过程，通过具有一定信息差的英语活动任务，可以唤起学生的好奇心和强烈的求知欲，促使他们更积极地进行话语理解和建构。可见，真实、生动、活泼的学习情景有助于学生快速理解接收到的信息，并能激活思维，激发学生主动探索、建构传递信息的愿望。从这个角度来说，真实性原则也可以称为“情景性原则”，即教师对语法的讲解应运用生活中的素材，而不是空洞乏味地呈现语法规则。

教师在进行语法教学的过程中，可以借助意义或语境对语言形式进行认知和处理，而且可以根据教学需要，反复在不同的语境中凸显某一特定语言形式。在设计交际任务和互动活动时也可以提出高标准的语言要求，激活学习者的语法能力，而不只是词汇能力。因为根据建构主义的活动论，当学生在交际活动中遇到语言形式的困难，语言形式任务即转为当前主要的活动任务，此时不能过于强调交际的流利性，而应开展相关的语言形式活动，这时候的语法学习效果会更好，学生的积极性也会很高，语法教学也更体现了其实用性。

真实的活动意味着将语法学习与实际生活有机结合起来，激发学习者的积极性，促进语法学习。而传统的课堂上教师存在一个常见的问题就是所学内容严重脱离学习者的日常生活实践。因此，在语法教学中教师要设计一系列的教学活动，积极创造适宜的学习活动环境，对某一语法点，要不断变化其出现的上下文和实际生活场景。进一步说，在设计语法点时，要在学生喜闻乐见的情境之下，尽量用生动活泼的语言示范语法规则的运用，将时事、新闻、生活等进行精心编排，作为讲解或师生之间以及学生之间开展交际互动的真实材料。

7. 交际性原则

社会语言学认为，语言的功能是交际。社会语言学家戴尔·海姆斯（Dell Hymes）提出了著名的“交际能力”的概念。他认为，一个人要能够真正地运用语言进行交际，除了必须具备艾弗拉姆·诺姆·乔姆斯基（Avram Noam Chomsky）

提出的能造出合乎语法的句子的语言能力之外，他还必须具备在什么场合、对谁、用什么方式以及说什么的能力，也就是交际能力。[①] 语言说到底是为交际服务的，真正的语言能力是在交际使用中培养的，因此在语法教学中应体现出交际的成分。所谓交际能力主要由四个部分组成，它们分别是语法能力、社会语言能力、话语能力和策略能力。

海姆斯的理论明确了语言能力和交际能力的关系。交际能力中包含语言能力，语言能力是交际能力的基础，没有一定的语言知识，语言运用就成了无源之水。英语教学的目的就是培养学生的交际能力。因此，在语法教学中，先要弄清语法概念，这是毋庸置疑的；但是只读语法书并不能真正搞清语法概念，而是必须通过实践、犯错误、改正错误、再实践，才能逐步搞清。相应地，对语法的学习也不应该只读语法书、背语法规则，还应该包括在实践中运用语法知识这个更重要的内容。

然而，从现实的教学情况来看，学生往往难以把语法规则的掌握与实际语言使用相结合，难以从抽象自然走向具体，导致学与用产生脱节。基于此我们要努力改变传统的语法知识体系为语法应用体系，不把语法学习仅仅当作被动地对语法知识的掌握，而应将其看成积极的使用过程，要力求准确和熟练。例如，在学完一个新的语法项目之后，就要多进行语言的实践，在实践中巩固，从实践中发现问题、纠正错误，这样既正确建构了语法点知识，又学会了使用。总之，必须牢记一点，即语法知识、语言规则的掌握要与语言点的实际使用紧密结合。学生如果想要提高语法学习效果，必须使用语法，构建有关语法结构的假设。进一步说，光是注意到了、理解到了还没用，还必须要去用它，在实际使用中去验证自己的理解。只有通过对一门语言的使用才能真正掌握这门语言，只有带着“如何运用语法来进行交际”这个问题去学习语法，语法学习才最有意义。

总而言之，语言是在使用中习得的，语言的使用和语言的学习绝对不能被人为割裂开来，正是在语言的使用过程中才产生了学习，从而产生进步。因此，学生必须多练，多在不同的情境中反复使用。然而仍需指出一点，如果语法结构不是在真正的交流中使用，或不具有真正意义上的交际意图时，学生最后仍将无法成功掌握英语。这一点应引起教师的重视，学生的语法学习不应为了练而练，而是事先要有明确的交际目的。

---

① 胡文仲．跨文化交际学概论 [M]. 北京：外语教学与研究出版社，1999.

（二）语法课堂教学的策略

1. 基于思维过程的策略

归纳学习法与演绎学习法是人类大脑认识事物、开展思维活动的两种不同的方法。就语法学习来说，归纳法和演绎法也是理解和掌握语言规则的不同方法。因此，在语法教学中，也有归纳教学策略和演绎教学策略之分。下面我们将对这两种策略分别进行介绍，并对二者做一些比较。

（1）归纳教学策略

归纳教学策略是一种从个别到一般、从部分到整体、从具体到抽象的教学方法。采用归纳法进行语法教学，在学生就特定结构的使用进行练习之前，先让他们接触一定数量的含有要学习的语法规则的语言材料及实例，以对所学内容产生初步的印象。同时，学习者在教师的启发引导下，对该语法规则进行观察，并针对其特征进行抽象概括，归纳成规则。在规则已被学生明确之后，再使其进行大量的练习，运用所学语法规则。

归纳教学策略比较符合低年级学生掌握英语方法的心理过程，这时的语法教学主要是通过句型教学来进行的。教师通过实物、动作、情景等方法教新的句型，在学生理解句子结构和意义的基础上，进行大量的句型操练。当学生初步掌握了句型范例后，再由教师来引导学生归纳新的语法规则。这样可以尽量避免单纯抽象地讲解，学生通过接触具体生动的语言实例，能够很容易地找出某些规律，且容易懂、易记、效果好。可以说，归纳法是语法教学中极为有效的教学方法。

归纳教学策略倾向于学生发现性的学习活动。归纳教学策略主张，只要为学生提供足够的含有要学习的语法规则的语言材料，学生就能够自动掌握语法规则，教师无须讲解。如果再辅以具体的实物、图片、动作、表情、影像等方法，创建一个包含运用语法规则的具体情景，学生就更容易建立语法规则与语言情景之间的直接联系，也就更容易理解语言规则所表达的意义，同时也能激发学习者的求知欲。教师也可以要求学生根据自己的理解归纳新学到的语法点。

（2）演绎教学策略

演绎策略是一种从一般到个别、从整体到部分、从抽象到具体的方法。首先，采用演绎法进行语法教学，教师首先需简单扼要地向学生介绍和讲解抽象的语法规则，以便于学习者对这些语法规则产生初步的认识。其次，教师举例说明，将抽象的规则应用于具体的语言材料，借助范例进一步对这些规则进行说明。最后，按照语法规则套用练习，用大量类似的练习材料，帮助学生独立运用某些语法范畴和概念。如果不先讲清楚，即使有很多实例，也会使人难以理解和运用。演绎策略简便省略，学生可挤出大量时间做练习。演绎教学策略要求学生具备一定的思考、分析和比较的能力。例如，教师将一个含有助动词的问句写在黑板上或者引导学习者注意课文所提供的范例，然后详细解释句中所包含的语法规则，包括结构形式和位置变化等。此时教师用汉语讲解，并将内容与汉语中的类似结构进行对比，或者将新学到的英语语法结构与以前学到的结构加以对比。接下来，学习者根据一些提示信息，尝试运用学到的规则进行语言表达。

可以说，传统的英语语法教学大都采用演绎法，其突出特点就是教师直接对语法点进行讲解，然后举例分析其用法。演绎策略往往以孤立的方式来教语法，并不太注重语言的意义，且所做的练习大多是机械地替换或变换的套用练习。

教师运用演绎策略进行语法教学，还可以在语法讲解后，要求学习者将所给的语言结构变换为另外一种类似的结构，以帮助学习者更深刻、更全面地了解所学语法知识点。

（3）归纳与演绎教学策略的比较

与归纳教学策略相比，演绎教学策略有其优点。首先，演绎教学策略非常适合具有强烈学习动机的学生。其次，如果所学的语法规则比较复杂，教师在课堂上采用演绎法能够节省许多时间。同时，掌握了语法的准确性在很大程度上能够提高学生的自信心。需要特别指出的是，语法的讲解应当简明扼要，并辅以清晰的语言运用实例，不可过多地沉湎于规则的例外情况。

许多人还认为归纳教学策略要优于演绎教学策略，原因是归纳法比较符合语言习得的自然顺序，而且也有利于培养学习者积极探索的精神，调动其学习主动性和积极性，形成学习的内在动机。

事实上，在教学实践中，归纳法和演绎法是紧密结合的，既没有纯粹的归纳法，也没有纯粹的演绎法。合理的方法应当是归纳法与演绎法的有机结合。如果只采用归纳法，虽然有利于调动学习者积极性，但若是方法设计不当，容易出现事倍功半的效果。因此，既不能只采用演绎教学策略，又不能只采用归纳教学策略，而应当将两者结合起来，通常是以一种方法为主兼用另一种方法，而且以哪一种方法为主，取决于语法教材的性质、教学阶段和学生的英语水平。因为任何教学方法的选择都应根据学习者特点、学习目的、语言点难易程度的不同而不同。例如，如果是侧重培养学习者读写能力的语法教学，则应采用演绎法；如果是侧重培养学习者听说能力的语法教学，则应采用归纳法；而如果所教授的语法点难度较大，则应采用演绎法。

2. 基于语法学习的策略

对于语法学习策略的定义，不同学者给出了不同的定义。牛津的直接策略与奥马利和查莫特的认知策略基本相同，牛津大学的间接策略涵盖麦克·奥马利（Michael O'Malley）和安娜·U·查莫特（Anna Uhl Chamot）的元认知策略和社会/情感策略。安德鲁·D·科恩（Andrew D.Cohen）对第二语言学习策略进行了具体的分类，他将学习策略分为以下两种类型：语言学习策略与语言使用策略。他的分类虽然看上去比较简明，但在英语学习过程中，学习者很难分辨某种具体的策略是用于学习语言，还是用于应用语言，特别是在英语学习的环境中，因此可行性不大。此外，科恩所列出的策略忽略了元认知策略，而在很大程度上，学习者学习的成功取决于元认知水平的高低。

相比较而言，奥马利和查莫特的分类揭示了 3 种策略的内部层次关系，内容上看更合理些，概念表述易于理解，并且为研究者广泛采用。这 3 种策略就是元认知策略、认知策略和社会/情感策略，因此在这里我们重点介绍这 3 种语法教学策略。

（1）元认知策略

所谓元认知策略是学习策略中较高层次的行为，它对语言习得产生间接的影响，具体指学习者对语言学习进行规划、监控或评估等。元认知策略可以协调各种学习策略。也就是说，元认知策略可以直接监控各种学习的策略，直接关系到各种学习策略使用的效果，因此元认知策略和英语语法学习有着重要关系。具体来说，元认知策略包括以下 3 个方面。

①计划策略。计划策略是指学习者根据自己已有的认知知识，为语言学习制订一个适合自己的计划。计划策略包括设置学习目标、浏览阅读材料、列出待回答的问题以及分析如何完成学习任务。给学习做计划就好比是教师在考试前针对考试要求让学生做系统的计划性练习。不论是完成作业，还是为了应付测验，学

生在每一节课都应当有一个一般的“对策”。成功的学生并不只是听课、做笔记和等待教师布置学习的材料。他们会预测完成作业需要多长时间，在写作前获取相关信息，在考试前复习笔记，在必要时组织学习小组，以及使用其他各种方法对完成学习任务进行计划安排。换句话说，成功的学生应当是一个积极的而不是被动的学习者。

②监控策略。监控策略是指学习者利用监控策略对自己的学习随时进行监控。监控策略包括阅读时对重要语言点及关键词句加以跟踪、对材料进行自我提问、考试时监视自己的速度和时间。这些监控策略使学习者警觉自己在注意和理解方面可能出现的问题，以便找出来并加以修改。当为了应考而学习时，学生会向自己提出问题，并且会意识到某些章节自己并不懂、阅读和记笔记方法对这些章节行不通，因此会尝试其他的学习策略。

③评估策略。评估策略是指学生经常性地对自己的学习方法、认知策略进行自我评估，并自我调节所使用的策略。在评估策略中学生应以准确和完善作为标准对自己的语言学习结果进行检查。由于元认知策略具有执行功能，具有较强的目的性、规划性，能够有助于学生减少学习活动中的盲目性、冲动性和不合理性，所以在学习生活中占据相对重要的地位。从这一意义上讲，元认知策略就好像一座桥梁，它将内在的、静态的元认知知识同可观察的、动态的语言学习和认知策略连接起来，使得正确的元认知知识对学生的英语语法学习活动起到导向和调节作用。已有研究成果表明，元认知策略培训对学生的语法学习有很大的促进作用，在转变学生的语法学习观念、培养学生独立思考和自主学习的能力方面也有很大的帮助。

我国英语界对元认知和元认知策略的研究始于20世纪90年代初，可以说起步较晚。例如，万方利用元认知策略对比分析了英语作文中的语法错误，分析证明实验组在运用了元认知策略以后，语法范畴出错的情况显著少于控制组。陈丽婉对英语师范专业新生语法元认知策略进行了调查，结果显示高分组与低分组在元认知策略的运用上存在显著差异；学生使用语法元认知策略的总体水平不高；语法元认知策略与语法成绩明确相关，调查结果对语法教学有一定的启示作用。

（2）认知策略

认知策略作为学习策略的一种，最初是由杰罗姆·布鲁纳（Jerome Bruner）

于 1956 年在著名的人工概念的研究中提出来的。认知策略主要是指学习者为了更有效地识别、理解、保持和提取信息而采取的策略，是学习者运用概念和规则指导自己注意、学习、记忆和思维的能力。我们经常说的“学会如何学习”“学会如何思维”等，都属于认知策略的范畴。

对于认知策略，不同的研究者有不同的理解，因此在不同的研究者看来，认知策略包含的内容也就不同。具体来说，认知策略包含以下 6 点内容。

①记忆策略。记忆策略与实践策略类似，但记忆策略的重点在于记忆和检索过程，而实践策略则重点在于练习。例如，做笔记、用各种联想的方法来学习、记忆新的词句等语言单位，都属此类策略。

②求解与证实策略。这是指学生用来求解和证实自己对新语言知识的理解正误的策略。该种策略的具体方法是要求对方举例说明某一词或短语的用法，对某一词或短语作解释，或重复某词以证实理解的准确性等。

③推理策略。推理策略是指学生利用已获得的语言或概念和知识去获得对语言形式、语言意义或说话意图的明确假设。例如，通过有关交际过程的知识，说话者和听话人的身份，交际场所、话题、语域等猜测词义；通过关键词、关键结构或上下文等方法对词义进行猜测等。

④演绎推理策略。演绎推理策略与推理策略类似，它是指学生应用语言规则来解决英语学习问题的方法。运用某语法规则来理解英语就是这一策略的体现。

⑤实践策略。实践策略是指学生为帮助记忆和检索语言使用规则进行练习。重复某一句子直到熟练，仔细听讲并认真模仿，这些都属于实践策略的应用。

⑥监控策略。监控策略是指学生发现错误、观察某一信息如何被听话者接受和理解并作出相应反应的策略。纠正自己的语音、词汇、语法和其他方面的错误都是这类策略的表现。

认知策略认为，在英语语法教学中，应当以学生为中心，学生的内在因素起着决定性的作用。教师的作用在于指导学生的学习过程，引导学生运用科学的认知策略获得满意的学习效果。教师还应该根据学生的不同水平，提供不同的语言材料，让学生通过材料去发现并掌握其应该掌握的语法规则，进而把语法规则应用到语言表达中去。

此外，由于英语的学习缺乏实际的语境，教师讲授语法规则时应参照认知过程为学生创造尽可能多的自然环境。教师除了对语言点进行系统的分析与讲解，还应该将语法知识融入具体的语篇或话语环境中，让学生尽可能多地获得实际语料。

下面我们介绍 6 种认知策略在英语语法教学中的具体运用方法。

①重复。如果学生要掌握语法的构成形式，可以运用重复策略进行练习。例如，学生有时会被要求讲述他的家人或朋友的日常生活习惯，这样学生便有大量的机会运用动词第三人称单数形式。再如，当学生被要求讲述自己的愿望时，他们便会反复用到将来时。这种有意义的重复可以帮助学生对于语法、词汇和短语等的学习，同时在反复运用中学生对所学知识加深了印象，学会了运用技巧。

②记笔记。记笔记就是帮助学生将所学的知识按照意义或共同点等进行分类，并利用缩写、符号、图表、数字等方式进行总结。在做笔记的过程中，学生可以通过他们可以理解的输入来强化语法知识的输出，这样可以帮助他们更好地理解和复习语法知识，使得零散的知识点变成一个知识块，从而更全面地学习各项语法知识。

③翻译。语法翻译是以母语为基础理解或输出第二语言，这种方法有助于学生认识两种语言之间的基本特征，形成扎实的语言文字功底，也有助于语感的培养。因此，这种方法在目前的语法教学中使用得较多。例如，教师在讲解 it 作先行主语时，可以让学生翻译两个句子，以加深理解。

我用了一年时间攒钱买这台新电脑。

It took me a year to save up for this new computer.

坚持每天写日记是一个好习惯。

It is a good habit to write dairy a everyday.

④利用上下文情景。利用上下文情景的目的是把孤立的单词放在具体的语境中学习，即根据语境来进行对话。在教学中，学生习惯于被问及具体某个单词的意思，但是被问者会马上反问道：“这个词用在什么语境中？”也就是说，语境不同，即使同一个词也会具有不同的意思，语言的理解与交际不是仅靠语法规则来完成的，还必须依赖具体的语境。任何英语句型训练或课堂练习都不可避免地包括两个变量，即语法和语境。因此，教师应该充分认识到，学生实际掌握英语的语法知识是学习英语的一个重要方面，而知道如何在谈话中正确、有效地使用这

些语法知识又是另外一个重要的方面。这便涉及语境与语法教学的关系。

下面是一则教师用录音中的对话讲授一般现在时的例子，从中可以对利用上下文情景进行语法教学有所了解。下面是具体的教学步骤。

第一步，教师先让学生合上教科书，放录音，让学生只靠听力理解对话内容，听力结束后，教师可以允许学生和同桌进行讨论并回答问题，教师可以根据学生需要或者具体情况，如对话的难度等选择是否放第二遍录音。

第二步，教师提问学生对话的主要内容，当同学们确定对话的具体内容后，教师要求学生再听完整的录音并把几个录音中的单词按照录音中的顺序排序（教师要确保学生熟悉这些单词）。教师把录音放给学生听，并允许学生和同桌进行讨论，如学生需要可以重复播放录音。接着教师检查任务完成情况，并把录音中的单词按顺序写到黑板上，教师引申出与名词相搭配的动词，一并写到黑板上。

第三步，教师让学生尝试是否能回答列出的问题，如需要教师可以重复播放录音。教师可以根据录音进行其他提问。

第四步，教师让学生听一些单词并要求学生把听到的单词同黑板上列出的单词进行搭配，如需要教师可重复放音，让学生与同桌讨论，接着教师核实答案，把相应的副词写到黑板上。

第五步，教师要求学生把注意力集中在两至三个句子上并准确地告诉学生谈话所说内容。教师播放录音的相关部分，直到学生能输出整个句子，接着教师可以把句子写到黑板上。

第六步，教师要求学生注意句子的结构，在动词下画线标出，把副词用方框标出并指出副词的位置在主语和动词之间。

第七步，教师要学生应用第五步中句子结构：主语 + 副词 + 动词……并写出关于录音内容的两到三个句子。

第八步，教师让学生打开教科书，当学生读课文的时候教师放对话录音，以核实第七步中学生所给出的答案。

第九步，教师要求学生运用第六步中强调的句型，造四五个句子。

在以上九个步骤中，每一次不间断的对话听音都使学生更接近原文的形式。通过第一步到第三步来检验学生是否能够理解所选文章，教师通过引导学生开展精心设计的活动来让学生更明晰地理解所给材料的主旨。而从第四步开始，教师就准备让学生做有针对性的练习。此外，第四步和第五步强调的是句子的结构，接着教师布置任务即要求学生演示他们对所学新语法项目形式和意义的理解。在这个输出阶段，活动主要从以形式为中心过渡到以意义为中心。

⑤利用身体动作。利用身体动作来学习语法知识是试图通过模仿母语学习时的经验来学习。在这种学习环境中学生没有压力，可以重复教师发出的指令。这种指导策略试图让学生在能够输出正确的语言之前训练他们的听力能力，在这个“沉默阶段”，学生只需注意对输入语言的理解，不必担心输出的语言是否准确。

以下是一则教师利用身体动作来教授祈使语气的演示过程。

第一步，教师首先请两名学生到教室前面，教室前面有三把椅子被排成一行，面向班级其他同学，教师坐在中间的椅子上，两位同学分别坐在两边。接着教师对学生说：“Stand up.”教师自己站起来示范，同时指示学生做同样的动作。教师又说：“Walk.”教师在教室里走动并指示学生做同样的动作，之后，教师的指令是 stop，turn around，walk，stop，turn around，sit down。每一次教师先亲自完成指令，而后学生跟随教师完成指令。指令完成后，教师和学生回到座位上，接着教师让他左边的同学继续坐在位置上，让右边的同学在教师的指示下来重复完成刚才的一系列动作（此时教师和他左边的同学都坐在位置上）。当这名同学成功地完成教师的指令后，轮到下一名同学，而这次指令的内容有所改变，接着教师让更多的学生来演习完成一系列指令。

第二步，教师教授学生教室内一些设施的名称，如 window、door、light、chair、ceiling 等，在学生聆听的时候，教师捂着某个设施并重复说几遍和这个设施相对应的单词。继而教师叫一名学生遵从教师的指示，和第一步的过程一样，只是这一步运用的名词是刚刚教授过的教室内设施。例如，point to the ceiling、touch the floor、open the door、close the window 等被请到前面的学生在演示一系列动作的时候其他同学作为观众观看，接着更多的学生要来完成教师的指示，此后的指示在内容上要比原来的要复杂，更有难度。

第三步，在某个学生演示时，教师让学生重复第二步但在指令开头加上表示否定祈使语气的“Don't”。

第四步，需要说明一点，利用身体动作进行语法教学时，形成祈使语气的规则（包含否定祈使语气）并不是由教师讲述，而是让学生通过一系列的练习自己总结此语法项目的规则。

⑥利用视觉形象。这里的视觉形象既可以是真实的图像，又可以是想象中的形象。首先，利用视觉形象这一方法可以帮助学生理解或记忆新信息，同时可以锻炼学生的形象思维能力。其次，利用视觉形象来学习避免了学生学习过程中的翻译，并且能比利用行动学习有更多的讨论机会。

（3）社会／情感策略

社会／情感策略是构成学习者认知活动顺利进行的外部环境因素及学习者个体情感因素，主要指合作性策略，用于人际交往或者对情感的控制，它可以为学习者提供更多接触语言的机会。在社会／情感策略中，问题求解与澄清以及合作学习策略是最主要的两种。

①问题求解与澄清策略。问题的求解与澄清也就是提问与解答，学生通过提问可以弄清楚不确定的知识或证实自己的想法，同时可以获取更多的未知信息。问题求解与澄清策略就是指鼓励学生在课堂内外主动提问，大胆发言，同学间相互指教，交流学习。

提问是最基本的社交策略之一。一般来说，提问有两个目的，一是对不理解的内容进行澄清，二是确定信息是否正确。然而，我国的语法教学中，部分学生在语法课堂上不愿主动提出问题，不敢问问题，甚至不懂装懂，这样就错失了一些巩固知识、更新知识的机会。

针对这种情况，在语法教学中，教师不但要鼓励学生大胆提问题，还应注意提问的方式和技巧的转换。对于不同水平的学生，应相应地提问难度适当的问题，这样有利于让学生更积极地参与教学，产生成就感，树立自信，勇于提问和澄清问题。

②合作学习策略。合作学习策略兴起于20世纪70年代初期的美国，并在20世纪70年代至20世纪80年代中期取得了实质性进展。合作学习策略是一种富有创意并具实效的教学策略，它有助于改善课堂内的社会心理气氛，促进学生形成良好的非认知品质，同时可有效提高学生的学业成绩。因此，合作学习策略很快便引起了世界各国的关注，并成为当代主流教学策略之一。

合作学习是指学生在小组或团队中为了完成共同的任务，有明确的责任分工的互助性学习。协作学习策略不强调竞争，相反，它强调体现团队精神的合作，通过人与人之间的团结互助，相互信任，共同为一个目标而努力。合作学习包括以下 4 个方面的基本要素。

①相互依赖。主要指正相互依赖，即所有组员之间能够互相鼓励、互相帮助，只有这样学生才能共同进步。教师可以通过共同目标、共同奖励、分享材料、分配任务等方式来实现互利互助。

②个体责任感。责任感是指每个学生必须独立担当并完成一定的角色和任务以表明他已经掌握知识重点。教师可以通过进行个人测试或随机抽查来增强学生个体责任感。

③小组交流。小组交流是指组员之间进行直接的、面对面的交流，并积极参与讨论，以求更快、更好地解决问题。

④交流技巧。在合作学习的基本要素中，社交技巧的培养以及小组进程的掌握也是一个重要方面。在学习过程中，学生只有不断且定期对学习进程进行有效评估，才能确保学习的成功。

在英语语法的教学过程中，学生在学习过程中会有意或无意地使用语言学习策略。我国有关学者曾经对大学英语师生听力策略研究进行调查。结果显示，学生对元认知策略、认知策略、社会／情感策略这三种策略的使用频率从高到低依次是认知策略、元认知策略、社会／情感策略。可见，学生在学习过程中最容易忽略的是社会／情感策略的运用。然而，在英语语法教学中，社会／情感策略起着极其重要的作用。因此，英语教师应当有意识地将社会／情感策略融入语法教学过程中，目的是帮助学生认识社会／情感策略的作用，帮助他们提高语言表达能力，刺激他们的学习动力，达到更好的教学效果。

众所周知，语法是一个系统而复杂的体系。而对于学生来说，语法的学习必然涉及自我情感的控制以及与他人的关系，其成功在很大程度上取决于怎样处理这些因素。由于语言学习和情感态度之间存在密切的联系，而积极的情感有助于学生积极参加学习活动，并获得更多的语言学习机会，因此，帮助学生驾驭自己的情感因素、培养积极的情感状态、克服消极的情感成分就显得格外重要。

对教师来说，具体可以从以下 3 个方面进行。

①向学生灌输有关社会／情感策略的特点、效率及使用等方面的知识。对于

教师来说，在每一种策略的使用前必须给学习者提供详尽的解释，以帮助学习者清楚地意识到怎样在具体的语境中运用策略。

首先，英语教师应向学生传授社会 / 情感策略的相关知识，因为只有先了解了这种策略的运用方法，才能使学生更好地控制情绪。具体来说，教师可在语法课堂上指导学生通过静思或冥想、深呼吸和自我鼓励等来克服焦虑，完成学习任务；针对学生的长期焦虑心理，教师应通过指导他们完成易实现的短期语法目标、合理安排英语语法任务等方法，并定期记录情绪变化，采取积极措施梳理情绪和自我鼓励等来缓解压力、克服困难、增强信心，从而在语法学习上取得进步。

其次，教师应通过社会 / 情感策略帮助学生加强协作学习能力。通过社会策略的使用提高学习者的自信和学习兴趣，使其在互相鼓励、互相合作中获得学习动力，取得更快的进步。

最后，教师通过社会 / 情感策略提高学生的交际能力。运用社会 / 情感策略可以让学生在交流中得到更多的练习机会并及时地获得关于错误的信息反馈，避免在语法课堂中单一练习某一语言使用的缺点，可全方位地练习使用所学语法项目。

②培养并提高运用社会 / 情感策略的意识。要想培养学生对社会 / 情感策略运用的意识，首先需要对学生的语法学习策略进行评价。而教师在进行策略评价之前，要让学生意识到他们目前所使用的策略。在这个阶段，教师需要特别注意学生是否有运用社会 / 情感策略的意识，或是否明白怎样灵活地运用社会 / 情感策略。教师可以根据学生的策略使用水平，利用社会 / 情感策略设计情境，给学生提供实际的训练并以此强化社会 / 情感策略的运用，调动学生的学习积极性，提高学生的学习动机及自主学习的能力。

在这一过程中，教师可以先通过让学生列出他们平时经常使用的语法学习策略来了解学生使用策略的情况，然后给出一些指导性的建议，帮助他们提高使用策略的意识，进而促使学生能够进行独立的、自我指导性的学习。

③要求学生之间进行合作。为使学生实地操练社会 / 情感策略，教师可以要求学生之间进行合作。通过师生之间以及学生之间的互动式交际方法，完成每项有趣的、有意义的学习内容，使学生既学了知识又提高了运用知识的能力。在这里，合作是相互认同、相互接纳，是为了实现共同的目标而共同努力。学生在英

语学习中乐于合作，善于运用积极相互依赖策略。学生可以分成几个小组，每个小组的成员可以互相交换不同的意见，分享不同的学习经验，完成一定的任务。在语法教学中，通过小组、师生间的合作讨论，共同解决新的问题、掌握新知识。这样，既可以扩大学生之间、师生之间的交流，提供学生间互助互学的机会；又可以帮助学生在积极的相互依赖中，善于发现别人的长处，善于进行角色的转换，能够站在别人的立场上看待问题，用欣赏的眼光看待别人的见解和任务的完成。同时，在合作中，学生勇于承担小组中的个体任务，相信自己的能力，敢于创新，个性化地表达自己的观点，实现自己的价值。这样一来，在合作过程中，既能通过互相学习取长补短，又能体现自我价值。

第三节　英语口语教学

口语是语言存在的最基本形式。从语言的起源与发展来看，口语是第一位的，书面语是第三位的；从输入输出的角度看，口语是一种语言输出活动；从方向性和形态角度来看，口语是一种产出性口头技能。

一、说的心理机制

（一）由听到说

无论是母语学习还是英语学习，在说之前都要有听的先导。听是说的准备工作，听准备得越充分，说就会越顺利。尽管在听的阶段学生很少开口说，但其实学生是在进行积极的酝酿。在英语口语教学中教师应该重视从听到说的客观规律，也就是在具体的教学过程和每次的听说训练活动中安排好开口说之前的听。如果教师在这方面处理得好，那么学生的发音器官自然就会越来越活跃，最终形成主动开口说的动机和愿望。因此口语课的基本要求是以听带说，以听促说，听说结合。

（二）由不自主到自主

学习和使用英语有一个由不自主到自主的发展过程，这在说的心理表现得最为明显。学习口语的初期，学生在说时总是把注意力集中在语言形式上，而不去领会其意思。同样，在与人对话的过程中，学生也无法注意对方说的内容，而总是将注意力放在对方所说的词句上。在这种情况下，学生精神紧张，思路不清，记忆迟钝，技能不熟，说的活动就是被动的、不自主的。当然，这也是每个学说英语的人都要经历的一个过程。

不自主状态可以转化为自主状态，这也是每个学说英语的人在不懈地努力下可以达到的。由不自主到自主转变的关键是说的经验的积累、说话环境的适应和开口习惯的养成。所以只要客观上有多说的条件，主观上有多说的愿望，坚持多说，长期实践就一定能达到自主说英语的状态：即注意力主要集中于自己所说的内容和对方所说的内容，而不是语言形式；怎么想就怎么说，而不是先想好了后说。

（三）由想说到说明白

当某个人说话时，此人先受一种动机的支配，产生说的念头——想说，随之他便将注意力集中在想说的内容上——说什么，然后再将想说的内容与言语的表达形式相联系——怎样说。这样，言语便产生了。由于说的活动通常要以每分钟500个单音的速度来进行，所以它要求说话者能够机敏地运用言语的表达形式，能随时回忆、检索讲话时所需要的言语材料，并且有足够的记忆来完成句子和语序。

对于学生而言，想说的动机可以是真正的交际动机。但在更多的情况下，想说的动机是学习动机。例如，用英语介绍自己的班级情况，虽然学生都知道，但为了练习英语，这个话题仍然可以作为说的动机。这样启发想说的动机就可以设计两种情景，一是真实交际情景；二是学习情景。真实交际情景除了课堂教学之外，还可以从生活各方面去发掘。在说的过程中要通过实例示范使学生掌握两个技巧：一是想说什么就说什么；二是会说什么就说什么。前者意味着头脑里出现什么词句和意思就开口说出，后者意味着找话说时要把自己学过的知识范围作为思路发展的范围，最终使两者都发展为习惯。

二、口语课堂教学的目标

《大学英语课程教学要求》对大学的口语教学做出了要求，具体如下。

（1）一般要求

①能就日常话题用英语进行交谈。

②能在学习过程中用英语交流，并能就某一主题进行讨论。

③能经准备后就所熟悉的话题做简短发言。

④能在交谈中使用基本的会话策略。

（2）较高要求

①能用英语就一般性话题进行比较流利的会话，能基本表达个人情感和观点。

②能基本描述事件，陈述事实，并且语音、语调基本准确，表达清楚。

（3）更高要求

①能较为流利、准确地就一般或专业性话题进行对话或讨论。

②能用简练的语言概括篇幅较长、有一定语言难度的义本或讲话。

③能在国际会议和专业交流中宣读论文并参加讨论。

三、口语课堂教学的模式与原则

（一）口语课堂教学的模式

1. 一般模式

一般模式通常包括四个阶段，即背景铺垫（学生听）—布置任务（教师说）—执行任务（学生说）—检查结果（教师说）。下面就不同的阶段进行详细的阐述。

①第一个阶段。这一阶段属于引导阶段，可以采取不同的形式，如让学生阅读资料或观看实物与画面等。至于听力材料的选择也没有统一的要求，可以是教师朗诵文章或讲述故事，也可以是听录音资料或影像资料。事实上，无论学生听的形式怎样，也无论听到的内容是什么，其目的都是为学生将要执行的任务创造情境、提供背景信息。

②第二个阶段。第二个阶段即教师布置任务阶段，此阶段的目的是为学生的“说”确立目标、制定方案、组织活动。此阶段虽然很短暂，可是却是为第三个阶段服务的，是下一阶段能够进行的基础。

③第三个阶段。第三个阶段就是执行任务，也是学生“说”的阶段，是整个口语教学过程的重点。在这一阶段，教师要尽可能地保持沉默，不要干预学生的

说，不要占用他们说的时间。让学生进行口语练习，重要的是让学生开口说话，而不是关注学生说对了几句英语。这一阶段重要的是过程，而不是结果。另外，教师也要合理控制此阶段的活动时间，最佳的活动时间应该是大约占整体活动时间的 80 %。

④第四个阶段。第四阶段主要是教师检查任务的完成情况，其主要的目的是对学生的口语活动进行及时的总结、指出活动的不足、提出必要的建议等。

2.Let's 教学模式

Let's 教学模式包括四个环节：Leading（激活旧知，有效导入）；Exploring（创设情境，探索新知）；Trumpeting（聚焦难点，处理加工）；Sharing（深入探究，交流发现）。下面分别对这些环节进行详细的介绍。

（1）Leading（激活旧知，有效导入）

新课导入是为了将学生的心理活动引入一个新情境之中，让他们对所要学习的知识产生认识上的需要。在课堂教学中，运用科学的导入方法可以迅速吸引学生的注意力，激发学生的学习兴趣，调动起学生的求知欲望，使他们积极主动地去探索，精神振奋地去获取知识，从而提高英语课堂教学的效果。新课导入采用的方法有话题导入法、直观导入法、复习导入法、歌曲导入法、游戏导入法等。

（2）Exploring（创设情境，探索新知）

探索阶段是教师与学生一起探索和发现新知的过程。主要运用文本材料，如听力部分与对话部分，把两大块教学内容整合在一起，用一条线把两者串起来，这条线可以是某个话题、某个场景，也可以是某个人物、某个地点。在这一步骤中，最重要的是如何设计形式多样的活动，让学生真正动起来。在设计活动的过程中，教师要遵循三个原则分别是联系学生实际时效性原则、结合学生生活真实性原则、实现学生实践交际性原则。

（3）Trumpeting（聚焦难点，处理加工）

这一步骤是指抓住本课的重、难点内容，对输入的有效信息进行个性化处理、加工。在兵法上，地有所不争，城有所不取，不争、不取，正是为了取得更大的胜利。教学上也是如此，必须把握主次、轻重、详略、缓急。而突出重点、突破难点正是优化课堂教学、提高课堂教学效率的一个重要原则。教师组织课堂教学一定要注重方法的实用性、巧妙性。良好的方法能使学生尽快有效地理解、掌握所学的知识，让其更好地发挥与运用天赋和才能，主要可以尝试练习归纳法、游戏活动法、列表对比法、多媒体辅助法等方法。

（4）Sharing（深入探究，交流发现）

实践表明，英语教学应为学生的全面发展和终身发展奠定基础，要求教师为学生提供自主学习和相互交流的空间，鼓励学生通过体验、实践、讨论、合作、探究等方式，发展综合语言能力，创造条件让学生探究他们自己感兴趣的问题并自主解决问题，也就是要求教师在英语课堂教学中发现相应的拓展和延伸活动。教师对拓展活动的设计要以学生的生活经验和兴趣为出发点，以本科所学知识为立足点，选择尽量真实的内容，采用尽量真实的方式，有利于学生学习英语知识、发展语言技能，从而提高实际语言运用能力。常用的英语课堂教学拓展与延伸的形式和途径主要有：调查、列举、采访、表演、讨论、辩论、课外活动等。

3.3P 教学模式

除了口语的一般模式和Let's模式以外，有学者还提出了3P模式，即Presentation—Practice—Production，该模式就是将一般模式的第一步省略了。

①展示阶段。在Presentation阶段，教师通过解释、示范、举例、角色扮演等向学生介绍新的语言项目，包括语法、句法、会话技巧、功能等，确定课堂的教学目标和教学内容。

②练习阶段。在Practice阶段，教师为学生提供各种机会，使学生运用所展示的内容。练习的程度也是由易到难，逐步加深。教师对活动的引导也是由控制到半控制，逐步增加学生的自主性。这一阶段，学生才是整个活动的中心。

③产出阶段。在Production阶段，教师给学生提供机会将其新学到的语言知识和交际技能融入已有的知识之中，以达到使学生能自由地运用语言进行交际的目的。这一阶段可以增强学生的成就感，使其对口语学习产生浓厚的兴趣。

4. 任务型教学模式

（1）任务前阶段

此阶段是下一步练习的前提和基础，具体地说，这一阶段的主要目的就是给学生做一些准备工作，如语言上的准备、知识上的准备，也可以就话题做准备。在呈现任务上，教师要结合学生的生活和学习经验，创造有主题的情境，以此激发学生的好奇心和兴趣。在这一阶段，教师要为学生提供与话题有关的环境及思维的方向，并把学生已有的知识与要学习的新知识建立一定的关系，以激发学生说的兴趣，使学生对新课的学习充满期待。另外，在这一阶段教师要遵循先输入、后输出的原则，也就是说在学生激活了完成任务所需的语言知识和语言技能后再导入任务。

（2）任务中阶段

任务中阶段也就是任务的实施阶段。在此阶段，学生在接受任务后，可以采用多种方式来实施任务，如以采取结对子或小组自由组合的形式，也可以由教师设计许多小任务构成任务链等。结对子或小组自由组合的形式可以使每个学生都有机会练习口语，教师设计许多小任务构成任务链，这种形式可以培养学生合作互助的精神。在完成交际任务的过程中，学生围绕口语任务主动搜集资料，学习课外知识，这些知识的积累可增加学生口语语料的储备。在这一阶段，教师的任务主要是指导和监督学生的活动情况，以保证活动顺利有效地进行。教师也可以参与其中，这样可以达到激发学生的积极性的目的。

（3）任务后阶段

实施阶段完成之后，各小组派出代表向全班汇报任务完成情况，代表可以是教师指定的，也可以是小组选举出来的。在各小组汇报任务完毕后，教师应该总结任务，对学生的完成情况予以评价，指出各组的优点和不足。在评价时，教师应尽量对学生任务完成的情况持肯定态度，多提出鼓励和表扬，并评出最佳小组，让学生在完成任务之后品尝到成功的喜悦，同时教师也要及时指出并纠正学生口语表达中的错误，正确地引导学生。在这一阶段中，教师还应对特定任务的口语表达具体模式进行总结，使学生掌握必要的口语表达方式，并且还要把握这一环节中评价的促进作用，挖掘学生的兴趣，调动学生的积极性，增强小组的竞争意识，以促进学生的不断进步和发展。

（二）口语课堂教学的原则

1. 以学生为中心原则

口语教学事实上是由教师的教和学生的学共同完成的，教师是教学活动的计划者和组织者，是教学过程中的示范者、引导者，在“教师中心”式活动中，教师像“导演”，教师“导”，学生“演”。但实际上学生才是课堂活动的中心。因而要让学生从开始到结束都积极主动地参与其中。比如在分配任务时，不是让学生被动地等待教师的指派，而是教师为学生创设情境，通过一系列多样化的有趣活动来充分调动学生的积极性和主动性，让学生以自荐、推荐、抽签等方法将任务“抢到手”。

2. 创造轻松和谐的课堂氛围原则

要保证学生能够在现有水平的基础上顺利地表达自己的思想，需要教师消除学生的不良情绪，如紧张、恐惧、焦虑等。大多数学生都有使用英语表达思想的内在动机，但是很多学生又不愿意参与能够提高他们口语能力的活动，其主要原因有以下两种。

第一，对于大多数学生来说，刚开始讲英语经常会感到不自在。

第二，多数学生都不愿意在同伴面前出错，当众出丑，害怕失败和被他人嘲笑。因此，在英语教学中教师要为学生创造一种轻松和谐的课堂气氛，鼓励他们大胆地说并且要多说，使学生在说的过程中有安全感和成就感。

3. 强调流利、注意准确原则

准确与流利在英语教学中的争议由来已久。从英语教学方法流派的演变历史来看，总的趋势是从强调准确向强调流利发展。20 世纪 70 年代以前的教学法流派，包括语法翻译法、听说法等，强调语言的准确性，这之后的教学法流派，如交际法、全身反应法、任务法等，开始对流利性有所关注。产生这一趋势的根本原因在于现代社会的交通工具空前发达、便利，经济以及社会文化、经济等的全球化趋势，社会对英语口语人才的需求急剧增加，从而在一定程度上导致英语教学的重心从书面语向口语发生了不同程度的转移。通常来讲，书面语对准确的依赖性更大，而对流利的依赖性却很小。但是，就我国英语教学总体而言，则应该强调准确和流利的平衡发展。

4. 先听后说原则

听是说的基础，在交际活动中听与说是相辅相成的两方面。学生通过听获得知识信息，接触到大量的英语词汇，进而激发表达思想的强烈愿望。当积累了大量的语言储备时，才会有真正意义上的口语会话，这也是大量听的必然结果。可见在听懂的基础上进行模仿，既能够加快反应，又能够提高说的能力。教师要遵循这一原则，可以在组织学生复述故事之前让他们对情节有一定的了解，然后再抓住故事的大意，记细节，让学生相互提问，交换意见，最后达到复述故事的目标。

5. 多使用英语原则

要提高学生的口语能力，需要使其进行大量的口语实践。因此，教师在教学中要想方设法、尽可能多地为学生提供说英语的机会。要想做到这一点，教师首先要给学生做出榜样，在课上课下多说英语。其次，教师的设计一定要适合学生语言水平，尽量将学生喜闻乐见的内容渗透到活动中，给他们提供口语练习的机会。

当然，为了给学生提供尽可能多的练习机会，教师一定要注意集体练习与个别练习的结合。集体练习有全班练习、分行练习、分排练习、男生练习、女生练习等形式。集体练习的优点是可以增加练习的人次，胆小、害羞的学生也能够积极参加练习。其不足之处在于，在集体练习中有的学生往往会随声附和，不动脑筋，而且在声音上要互相照顾，需要说得整齐划一，因此语调有时会不够自然，另外，在集体练习中，教师不容易发现学生讲英语时出现的问题。个别练习包括按座次快速进行；由学生举手，教师选定；直接由教师指定进行。个别练习可以有效地避免上述缺点，但是在个别练习中，学生练习的机会较少，参与的人次少，不能做到大量地练习。而且，个别练习很容易造成教师与个别学生之间互动时，其他的学生处于消极的、漠不关心的状态，从而大大降低练习的效果。因此，在口语训练中要注意发挥集体活动和个别活动之间的长处，将两者有机结合，以集体练习增加练习的人次，以个别练习检查促进集体学习的效果。在个别练习中，对于同一个问题教师可以问多个学生，而且可以对提问过的学生进行第二遍提问，使每个学生都觉得随时有被问到的可能。这样教师在提问个别学生时，其他学生都会抓紧时间准备自己的答案，避免了课堂上的松懈走神。有时为了使个别练习进行得快一些，教师可以按照一定的座位顺序，由左到右或由前到后依次进行，教师叫不同学生的名字，学生也站起来回答，这样可以节省不少时间。

6. 科学纠错原则

语言学习的过程中出现错误是不可避免的，在口语学习中更是如此。教师的任务是为学生提供连续、完整的交流空间，热情鼓励学生树立信心，大胆去实践，不怕犯错误，达到口语练习的最大实践量。口语教师的职责在于培养学生对语言的敏感性以及对自己、他人说话中的语言错误的识别能力。在口语练习中，学生不可避免地会出现各种各样的错误，有的教师会匆忙打断学生的思维和交流去给他们纠错，这种方法实不足取，不仅会破坏学生的思路，而且会在一定程度上打击学生的自信心。在操练语言的场合，可多纠错，但在运用语言交际时，则要少纠错；对学得较好、自信心较强的学生当众纠错是对其心理上的满足和激励，然而对于学习困难较大、自信心较弱的学生，要尽量避免当众纠错，防止加重其自卑感。

纠错是一个很敏感的话题，处理是否得当直接影响到教学效果和学生的学习积极性，我们既不提倡对错误一定不要放过，有错必纠，也不提倡采取宽容的态度，认为错误是完全自然的现象，从而对其放任自流，不予纠正，结果导致语言的僵化。因此，在口语教学中，纠正的最佳方法是先表扬，后纠正，并注意保护学生的自信心并给他们自我纠正的机会。

四、影响英语课堂教学的因素

影响口语课堂教学效果的因素有很多，大致有以下八个方面。

（一）准确的发音

准确的发音是语言交际的基础，只有当对方都能够识别出对方的语音时才有可能进行理解和交流。

（二）词汇量

缺乏应有的词汇量同样会影响口语教学，很多学生也有进行口语交流的意识，但由于词汇量的缺乏，很多学生找不到合适的表达方式，继而转用母语交流，致使口语交流的中断，甚至停止。

（三）语言表达能力

我们在学习汉语的时候会发现，有的人文笔较好，有的人口语较好，究其原因，是因为每个人的语言表达能力不同，可见语言表达能力是交际的基础。在口语教学中，表现比较活跃的是语言表达能力相对较强的学生，有些学生因为语言表达能力相对较弱，在口语活动中会表现出一定的畏难情绪。

（四）教师的素质

教师自身素质的高低是决定口语教学效果的重要因素，尤其是发音，因为准确的发音是语言交际的基础，并且一旦教师发音不准确，那么学生也不可能学到正确的英语发音。另外，教师在提高发音准确性的同时还要扩大自己的词汇量，在具体的教学中，可以进行相应的拓展与延伸，以此增大学生的词汇量。

（五）准确与流利的平衡

在口语教学中，教师要向学生灌输注重准确性与流利性的平衡意识，因为准确与流利是语言交际教学的重要目标，偏废任何一方，都无法完成口语教学的目标。教师可以经常在口语课堂上播放一些纯正的英语录音，并进行引导，使学生认识到，准确与流利的表达是学好口语的关键。

（六）课堂气氛的营造

课堂氛围的好坏对学生进行口语表达的积极性有着一定的影响。教师要经常鼓励学生敢于表达，不怕犯错，并在改正错误的过程中得到提高。轻松自由的课堂氛围可以促使学生参与课堂活动，使其能畅所欲言。

（七）教学观念的影响

传统的英语教学将语法讲解作为教学的重点，并采用阅读、背诵、默写的简单机械方式。教师总觉得将时间花在口语教学上，可能会影响学生的笔试成绩。于是，有些教师就对教材中安排的大量口语活动置之不理，结果造成“结巴”英语现象。这种教学观念的延续很不利于英语人才的培养，不利于英语教学，不利于学生今后的发展。

（八）过度的纠错

在口语教学过程中，当发现了学生的错误时，在不影响意思表达的情况下教师可以不马上纠错，因为教师的干预会打断学生的思维，过多的纠错也会伤害学生的自尊。教师应视学生具体语言错误的严重性而决定是否纠错。

五、口语课堂教学的主要策略

（一）展示策略

1. 展示的原则

（1）简易原则

所谓简易原则是指展示要尽可能地简单明了，切忌将简单的事情复杂化。在多媒体技术高度发达的时代，尽可能使用多媒体技术逐渐成为人们追求的目标，然而我们在展示中应该注意，不要为了使用多媒体而使用。简易原则就是要求我们如果能够无辅助展示得比较清楚，就不用多媒体展示，要尽可能地少用一些设备，不必无端地增加设备应用量。

（2）经济原则

所谓经济原则要求展示用最少的时间、最少的精力投入、最低的财力投入获得最佳的展示效果。

（3）效果原则

所谓效果原则是指展示方式的选择应以能够达到最佳展示效果为标准，如果多媒体设备展示要好于无辅助展示的效果，并且学校又具有配套的设备，那么，我们从效果原则考虑，最好使用多媒体展示。

2. 展示方式

依据不同的分类标准，一般可将展示方式做如下分类。

（1）按照材料的使用分类

①演绎展示。演绎展示是指教师根据教学的需要直接介绍，然后举例说明表达的方式，设计语境进行练习。

②归纳展示。归纳展示是指对文本材料、视频材料等进行分析、呈现的表达方式。一般情况下，先听对话、观看视频，然后根据对话和视频的话题呈现功能，进而组织学生分析对话语言，找出表达的语言形式。

（2）按照展示主体分类

①教师展示。教师展示是指从教师的角度出发，由教师进行展示。一般说来，演绎展示多属于教师主体展示，另外归纳展示中如果是教师根据材料归纳讲解，同样属于教师展示。

②学生展示。学生展示是指展示由学生完成，多属于归纳展示。与教师主体展示不同，学生展示可以更好地发挥学生的主体作用，训练学生的分析能力。在展示中，学生通过对材料的分析，发现表达方式，自己总结规律，从而提高自学能力。

（3）按照展示所用材料分类

①多媒体辅助展示。所谓多媒体辅助展示，是指在展示功能时借助多媒体设

备，如幻灯片、动画、视频等展示对话材料，将所要展示的功能、所使用的语言和副语言呈现给学生。

②无辅助展示。无辅助展示是指在教学中使用纸质文本，或者是现场的对话，利用黑板等设备呈现功能以及表达的方式。无辅助展示通常在不具有现代教育技术，不具备使用多媒体、网络等现代教育技术的学校使用，而且是相对比较常用的方法。

（二）文化导入策略

1. 文化导入的内容

词语意义和话语组织是文化对语言影响和制约的主要体现。因此，在口语教学过程当中，教师应从词语文化和话语文化这两方面对学生进行文化导入。词语文化导入包括词语、习语在文化含义上的不同等值，字面意义相同的词语在文化上的不同含义，以及民族文化中特有的事物与概念在词汇语义上的呈现。话语文化导入包括话题的选择、语法的选择、话语的组织。

为了让学生能够在跨文化环境中成功进行交际，就必须弥补他们在社会认知方面的不足，因而在口语教学中加强词语文化和话语文化内涵的导入就显得相对比较重要。

2. 文化导入的方法

（1）结合教材导入

在具体教学过程中，教师可以依据每堂课的教学目标，并结合教材为学生介绍一些相关的文化背景知识，以扩大学生有限的文化知识面。这种导入方式最自然也最直接。例如，在一堂关于节日的口语课上，教师可以向学生介绍与节日有关的文化常识，并拓展与之相关的词汇及节日用语。

（2）对比导入

在口语教学中将主体文化与客体文化进行对比分析，是一个帮助学生构建客体文化行之有效的方法。这种导入策略应充分发挥学生的主动性与积极性，可以提前给学生布置任务，让学生在课前查阅相关资料，然后让学生在口语课上轮流讲解，其中教师可以给予适当补充。这种方法对于激发学生的积极性以及培养学生的自主学习能力十分有利。

（3）通过多媒体导入

大部分学生都是在母语的环境下习得英语的，中国学生也是一样，是在汉语的环境下学习英语的，因此，这就使学生缺乏真实环境下对目的语义化的感受。但多媒体的运用可以弥补这一缺陷，多媒体可以真实地再现情境，使学生产生身临其境的感觉。有些多媒体还可以为学生创造互动式交流的机会，能在一定程度上有效地激发学生的学习热情。

（三）训练策略

教师在对学生进行训练时，要使用合适的训练方式，遵循正确的训练原则，以保证训练的效果。

1. 训练的原则

原则是正确实施训练策略的保证，在具体的口语教学过程中，教师应该遵循如下原则。

（1）质量原则

训练的质量原则要求训练的效果以准确和得体为标准，也就是说，训练要保证让学生能够在适当的场合使用适当的表达方式实践适当的功能。根据语域理论，不同的话题、不同的场合、不同的目的、不同的对象对语言的要求不同。只有当语言使用准确，并且适合语域的要求，训练才算达到了要求。训练还要求语言必须形式正确，表达流畅。

（2）交际原则

交际原则是为了使学生能够了解功能在具体语境中的意义，使学生了解语言和副语言的交际功能。因为训练的目的是交际，因而交际性在训练中起着十分重要的作用。要贯彻交际原则就有必要赋予训练交际目的，通过信息沟、观点沟、角色扮演活动训练学生使用某种技巧的准确性。

（3）真实原则

只有设计真实的语境，或者在现实生活中有可能发生的语境中进行练习才能体现交际。在模拟的语境中，我们可以设计不止一个语境，让学生反复运用需要练习的句型。

由于是模拟的真实环境，所以学生可以有很长时间的准备过程，学生可以反复在同一个语境下运用同样的结构反复对话，直到他们感到满意为止。

2. 训练的方式

口语训练的方式多种多样，其大多是交际或准交际类活动。常见的活动有以下几种。

（1）控制性反应活动

控制性反应是指教师根据功能的需求设计训练的语境，学生根据语境提示作出行为反应或者语言反应。

语言反应的应用范围比较广，可以用于任何阶段的教学。语境的提示可以用图片、语言、视频材料等，视具体的功能要求、学习风格和学生的多元智能倾向而定。例如，在主动提供帮助功能的训练中，教师可以给学生若干图片，提示需要帮助的几个语境，学生看到语境说出可以用什么语言提供帮助。

（2）角色扮演活动

角色扮演也是口语训练中经常采用的活动形式。训练时不要把角色扮演与两个学生一起朗读对话混淆。虽然两个人朗读也有各自的角色，但是其与角色扮演有本质的区别。

①角色扮演中有信息沟，两个人要通过对话才能了解信息。

②角色扮演要求教师提供一个新的语境。

③角色扮演中每个角色具有一定的自由度，可以有自己的发挥。

（3）观点沟活动

在观点沟活动中，不同的交际对象的回复可能存在差别，但是回复的信息没有对错之分，因为不同的情境下的反应也会有所不同。

（四）应用策略

应用是功能学习的目标，同时也是英语口语教学的关键环节，更是口语教学的特点。学生的交际能力是通过应用得到锻炼的。

1. 应用的原则

（1）得体原则

得体原则是指，交际中使用的语言必须符合交际目的、交际对象、交际场景的要求。在现实生活中并不是每个人的发音都那么标准、语言表达都那么准确。因此，得体性是此阶段的首要标准，不管是在本义化范围内的交际还是跨文化交际。

（2）真实原则

缺乏真实性也就谈不上应用。真实原则是指在真实的情景中与真实的对象进行具有真实目的的交流。这就要求应用阶段所设计的语境必须是现实生活中可能出现的语境，所承担的角色也是有可能在现实中出现的，需要解决的问题也必须是现实生活中可能发生的。如果缺乏真实性，为活动而活动，为了学习而学习，应用就失去了价值。

（3）产出原则

产出原则是指应用阶段的活动要以产出性活动为主，不管是语言产出还是非语言产出。从交际的要求来讲，这里的产出性更多地指语言的产出。因此，在应用阶段不能设计太多的输入性活动或者是理解性活动，而应该设计表达活动，或者说是输出性活动。

2. 应用活动

与训练不同，应用的信息沟所提供的必须是真实的语境，有真实的目的，信息沟中参与交际的双方有明确的目的和任务。既然是应用，通常学生没有反复准备操练的时间，而是如在真实环境中一样直接进入交际。

（1）信息沟

应用策略中的信息沟必须有真实的目的、真实的语境，并且参与交际的双方有明确的目的和任务。

（2）角色扮演

应用阶段的角色扮演就应该是提出问题、设计语境，学习者可以选择角色，教师可以分别给每个小组准备的时间，然后让学生直接参与讨论。例如，给学生设计一个家庭会议的情景，讨论再就业的问题，小组中每个学习者分别扮演不同的角色，有的支持，有的反对。

（3）观点沟

观点沟与信息沟的要求一样，仅仅是通过对话交际者获取的信息不同。在应用阶段，教师可以根据具体的语言材料和学生的认知特点设计相应的活动。在形式上，观点沟可以是座谈，可以是辩论，也可以是记者招待会。

（4）问题解决

问题解决活动中的问题可以是生活工作中的具体问题，也可以是任务，如到车站接人、处理突发事件、进行社会交际，这样不但可以检查学习者语言的使用，也可以检查学习者副语言的应用。

（五）评价策略

1. 形成性评价

课堂教学过程中的形成性评价是教学设计所关注的核心内容。与其他课堂教学中的形成性评价一样，在设计课堂教学中的形成性评价时教师要能够把课堂教学的功能目标分解成几个阶段性评价目标，然后根据每个阶段性目标的特点设计相应的评价活动。过程中的形成性评价主要是诊断学生是否达成阶段性目标，如果没有达成，教师要弄清楚其影响因素是什么，下一步活动应该如何开展。

与总结性评价不同，课堂过程中的形成性评价的开展首先要求教师要有评价的意识，在设计教学活动时就要考虑学生的认知发展需求，预测各种可能性并且设计相应的活动。其次，根据形成性评价的要求，课堂教学过程中教师要通过自己的课堂观察与学生之间的对话诊断学生的学习进展，为学生功能方面的发展提供自我建构的环境。

2. 总结性评价

口语教学中的总结性评价必须根据课堂的口语交际能力目标设计。至于口语教学中的目标达成评价可以采用应用性活动。也就是说，应用阶段的产出性活动本身就可以作为目标达成评价活动。总结性评价可以根据学习者的具体情况采用不同的评价标准。

3. 口试评价标准

要对口语教学进行评价，一般要考虑四个方面分别是总体可理解度、语音、语法、流利程度。

随着评价理念的变化，评价标准也在发生变化，至少我们不能用“是否与本族人说的一样”作为标准，因为本族人在语音、语法、流畅性等方面也是千差万别的。另外，由于评价内容不同，评价标准的关注点也会不同。

第四节　英语阅读教学

“阅读理解是一种活用语言的素质。”[①] 阅读是个体英语语言的一种能力，也是一种心智技能。阅读作为语言学习的基本技能之一，不仅获得了信息和乐趣，而且是巩固和增长目的语知识的重要途径。英语阅读教学一直都被视为英语语言教学中一个重要的组成部分。旨在培养和全面提升学生在英语综合运用方面的能力，使其自主学习的水平得到快速提升的同时，增强他们在综合文化方面的素养，以适应我国经济发展和国际交流的需求。

一、读的心理机制

读的心理机制主要包含三个内容分别是由文字到语音再到意义，由声读到直接理解，视觉信息和非视觉信息联合起作用。

（一）由文字到语音再到意义

在阅读的早期阶段，阅读活动通常涉及眼睛和文字符号的交互，大脑产生与其相对应的视觉形象，并且激活高级神经发音动觉中枢，发音器官发出语言，在此过程中还伴随着听觉活动，只有在这种情况下，文字意义或者文字信息才能被真正理解和接收。随着思维水平和理解能力的不断提高，对文字进行加工处理的时间也就逐渐延长，从而使整个过程呈现一个“由易到难”的趋势。作为一种拼音文字，英语的形音联系也较为直接，因此在阅读英语的过程当中学生可以明显地进行文字、语音和意义的分段活动。可能是单词（字母一般是无语义的，如果阅读是一个字母一个字母地读，那就称不上是意义阅读），也可能是同组或短句。单位长，则读速快。因此，要想培养学生的句单位阅读技能，可加强口语教学，通过口头问答和对话等句单位的言语练习来强化学生的句单位反应的意识和习惯。

① 葛炳芳 . 新课改背景下高中英语教学中的问题与对策 [J]. 课程 . 教材 . 教法，2008（11）：48–52；83.

（二）由声读到直接理解

声读包括三种形式，一是出声的读；二是不出声，但唇、舌、齿、喉头，声带活动的读；三是发音器官虽没活动，但内心里在自言自语地读。这几种声读形式虽然程度不同，但都未摆脱声音对阅读速度的影响，因此都属于声读范围。声读的最明显形式是朗读。在英语学习的初级阶段，朗读是一种积极、有意义的学习形式和能力，它能帮助学生理解，加深对所读材料的印象，巩固记忆，并使读与听、说联系起来，全面促进英语技能和技巧的发展。但是朗读却不利于默读能力的培养。

阅读心理学揭示：要读懂文章意思，根本用不着说出或听到（包括内听）每个词。看到就直接理解意义是完全可能的，因此在阅读中没有必要一定把书面语解码为口语。因此，语音、声读、口语与有效的阅读并没有必然的联系。恰恰相反，阅读速度慢则往往表明学生采用了某种形式的声读。

高效的阅读不仅可以跳过由文字到声音这一步来达到理解，而且可以跳过一定的文字符号来实现理解。实验表明，高效阅读者只需看到 1 / 5 的文字符号就能理解，所以能够使阅读速度大大超过口语速度。

（三）视觉信息和非视觉信息联合起作用

在阅读理解的过程中，无论是视觉信息还是非视觉信息，均扮演着不可或缺的角色，其重要性不容忽视，其中前者主要指的是人类视觉系统通过感知文字符号最终获取的信息，后者是由大脑在阅读过程中提供的潜在信息，具有潜在的作用。在阅读心理学中，非视觉信息被形象地描述为“眼球后面的东西”，其实是指阅读者对所学语言国家的社会与文化背景知识的掌握、个人生活经验等方面的综合，它与人们获取知识有直接关系，又与人们的学习效率密切相关。视觉信息和非视觉信息的融合，从某种程度来说是人类在阅读文字符号时理解其所蕴含意义的关键，或者说是已储存的信息帮助大脑对正接收的信息进行加工的结果。

非视觉信息参与的度和量与阅读的理解率和阅读的速度成正比。在阅读理解过程中，非视觉信息越丰富，阅读单位就越大，难度就越低。这就是说，非视觉信息越多，辨识某个字母或某个词、某个句子、某段文章所需要的视觉信息就越少。在非视觉信息中最重要的是文化背景知识。阅读多、知识多，阅读就快。

在阅读过程中非视觉信息的重要性，否定了阅读仅是和文字符号打交道以及通过视觉来开展相关活动的观点。阅读不仅是对文本所提供材料和线索的认识过程，也是思维的认知过程，即通过头脑中已有知识经验去把握新事物，获得新概念或解决问题。在阅读教学中，非视觉信息强调将大脑训练置于眼睛训练之上，以培养学生高效率的阅读技能，使其能够从意义和理解两方面驾驭文字和视觉。因此，在阅读教学中教师需要以辩证的方式，对语言形式和意义内容两者之间存在的关系进行有效处理，只有这样才能使学生获得更多有效的非视觉信息，从而提高他们的理解能力和阅读速度。阅读能力的提高和非视觉信息的丰富，既可以通过增加非视觉信息的数量来推动，又可以通过开展阅读活动来促进其发展。

二、阅读课堂教学的内容与目标

（一）阅读课堂教学的内容

英语阅读课堂教学内容包含培养学生的各种阅读技能，具体包含以下方面。

①辨认单词。

②猜测陌生词语。

③理解句与句之间的关系。

④理解句子及言语的交际意义。

⑤辨认语篇指示词语。

⑥通过衔接同理解文字各部分之间的意义关系。

⑦从支撑细节中理解主题。

⑧将信息图表化。

⑨确定文章语篇的主要观点及主要信息。

⑩总结文章的主要信息。

⑪ 培养基本的推理技巧。

⑫ 培养跳读技巧。

（二）阅读课堂教学的目标

《大学英语课程教学要求》明确了英语阅读教学的目标，主要包含以下 3 个方面。

（1）一般要求

①能读懂一般性题材的英文文章，阅读速度达到每分钟 70 个词。

②能借助词典阅读英语教材和题材熟悉的英文报刊文章。

③能读懂生活和工作中常见的应用文体的材料。

④能使用有效的阅读方法。

（2）较高要求

①读懂英语国家大众性报纸杂志上一般性题材的文章。

②能阅读所学专业的综述性文献，并能正确理解中心大意。

③在快速阅读篇幅较长、难度适中的材料时，阅读速度能达到每分钟 120 个词。

（3）更高要求

①能读懂有一定难度的文章，理解其主旨大意及细节。

②能阅读国外英语报纸杂志上的文章。

③能比较顺利地阅读所学专业的英语文献和资料。

三、阅读课堂教学的模式与原则

（一）阅读课堂教学的模式

国外对阅读理论的研究大致经历了重视语言因素到重视超语言因素再到二者并重的过程，这一发展过程中共出现了 3 种阅读模式：自下而上的模式、自上而下的模式和交互作用的模式。

1. 自下而上的模式

自下而上模式起源于 19 世纪中期，是一种传统的阅读理解理论，也称为“文本驱动的阅读模式”。该模式认为阅读是从字词的解码开始直到获得文本的意义，即阅读是一个从对字母和单词的理解，再到对短语、句子的理解，最后到对段落和篇章的理解，直至把握作者意图、理解全文的过程。同时，该模式认为，阅读的困难主要出现在文字层面上，只要读者掌握相当的词汇，具备迅速的解码能力即能达到流畅理解的程度。这一模式解释了信息加工中的线性模式对阅读研究的影响，但没能说明阅读过程中各种信息之间的相互作用，只是停留在字、词、句这样的线性理解层面上，却忽略了读者可能会从语篇以外的地方去提取有关信息并对信息进行加工的情况，因此这一模式也存在一定的局限性。

2. 自上而下的模式

自上而下的阅读模式，也称为“网式驱动的阅读模式”。这种模式是在 20 世纪 60 年代后期，在认知心理学的影响下发展起来的阅读理论。该模式以概念知识和背景知识为先导，强调读者以先前的知识和经验作用于阅读文本，整个阅读过程包括猜测、预测、验证预测、修正预测和调整预测，被认为是读者与文本，或者说是读者与作者交互对话的过程。根据这种“自上而下”的观点，背景知识比词汇问题更重要。经历不同，对文章的理解也会不同，因此阅读之前了解背景知识可以促进读者对文章的理解。

3. 交互作用模式

大卫·E·鲁梅尔哈特（David E.Rumelhart）提出了交互作用模式，他们认为阅读是同时运用各个层次的信息加工来重构信息的过程，即不仅是一个运用背景知识而且也是运用语言知识、辨别语言形式的双向过程。“自下而上”的模式和“自上而下”的模式都把阅读过程视为一种单向传递信息的过程。而该模式是以上两种模式的结合。交互作用模式除了注重单词以及短语的解码能力之外，还强调了快速捕捉关键信息，以进一步理解阅读材料的重要性，同时凸显了背景知识和上下文预测的至关重要性。由于其科学性，该模式备受人们青睐，成为一种备受推崇的模式。

（二）阅读课堂教学的原则

1. 循序渐进原则

学生阅读能力和阅读水平的提高不可能一蹴而就，而应该有一个循序渐进的过程。而阅读教学目标的达成是一个合理总体规划和长远规划的过程，也不可能立马达成。因此，在阅读课堂教学的过程中，教师应遵循循序渐进的原则，对阅读材料的选择、阅读方法的选择、任务的完成等进行细致周密的考虑，正确引导学生积极探索最适合自身的学习途径，勤奋学习，最终使阅读能力得到较大幅度的提升。

2. 因材施教原则

每个学生都有独特的个性，每个学生之间都存在着一定差异，因此因材施教原则也是阅读教学中教师应遵循的重要原则。所谓因材施教是指教师根据学生的个体差异，采用不同的教学方式和方法，力争使每个学生都能相应地发展阅读技能。例如，有些学生基础较好，有着浓厚的学习兴趣，基本的阅读逐渐不能满足他们的阅读需求，针对这样的学生，为满足其阅读的欲望，教师可布置一些具有挑战性的阅读任务，或向其推荐一些名著等。而有的学生阅读基础较差，由于自己较差的成绩而失去信心，自暴自弃，对于这样的学生，教师应在教学过程中不断鼓励和表扬他们，以使他们重新建立信心，同时给他们布置一些难度较小的阅读任务，然后逐步增加难度，使他们不断进步。总而言之，教师要考虑到每个学生的特点，并对其特点进行仔细分析，采用不同的教学方法，以有效提高学生的阅读水平，达到最佳的教学效果。

3. 激发兴趣原则

阅读教学成败的关键就是学生对阅读是否有浓厚的兴趣。可以说，兴趣是最好的老师，它可以激发一个人对事物的热情，可以调动一个人的积极性。同样，对阅读产生了兴趣，学生才会主动地、投入地去学习。所以，在教学的过程当中，教师要注重教学方法和教学内容的多样性，注意采用多种教学方法，适当调整教学内容，保持学生对阅读的新鲜感，激发学生的积极性，使学生由被动的阅读变为主动的阅读。

4. 选择适当教学模式原则

上述我们介绍了三种阅读教学模式，分别是自下而上、自上而下和交互作用模式。但前两种教学模式均存在一定的局限性，而交互作用模式的优越性决定了它是阅读课堂教学的最佳选择。词汇问题可以说是造成学生阅读困难的主要因素，因此很多研究都认为自下而上的教学模式应该受到重视。但这一模式并不能有效激发学生的阅读兴趣，甚至会削弱学生的阅读兴趣，因为学生对单词本身并不感兴趣，学生感兴趣的是由单词组成的故事。所以，阅读课堂教学采取的应是以自上而下的模式为主，以自下而上的模式为辅的模式。

5. 培养流畅性原则

培养学生阅读的流畅性也是阅读教学中应当遵循的原则。针对这一原则，教师可以采用不同的阅读训练来培养学生阅读的流畅性。但在训练中应注意以下6点。

①帮助学生制定阅读目标，选择合适的阅读方法和策略。

②鼓励学生每天阅读新的阅读材料或故事。

③逐步增加阅读材料的难度。

④不断组织学生进行讨论，以提高学生的积极性。

⑤无论阅读何种材料都要鼓励学生不断反思。

⑥训练学生跳读和览读的阅读技能。

6. 层层设问原则

层层设问原则是指教师在阅读教学过程中提出的问题应该具有层次性，层层设问，环环相扣，一步步将文章的主旨揭示出来。

教师在层层提出问题的同时，要求学生进行思考，将问题简单化，在解决问题的过程当中，理解文章内容，掌握文章知识，进而提高学生的思考和分析能力。

四、影响学生阅读能力的因素

阅读是一个复杂的认知心理过程，它的复杂不仅在于对字母、词语的认知，而且在于它涉及语言因素以外的诸多其他因素。所以，阅读能力的提高会受到很多因素的影响，其主要影响因素有以下七个。

（一）背景知识

背景知识的缺乏是造成阅读困难的重要因素之一。背景知识包含两方面内容，一是文化背景，二是人们掌握的各种知识。如有丰富的英语社会文化知识，对于阅读能力的提高有很大的帮助，如果缺乏背景知识，则会给阅读带来困难，也会阻碍阅读能力的提高。在阅读中学会运用背景知识及上下文来理解相关的信息，对于学生来说很重要。例如，在理解“The eagle always flew on Friday.”这句话时，必须具备一定的背景知识，这句话从字面上来理解就是“老鹰通常周五都飞来”，联系上下文可发现，这样来理解是毫无意义的。仔细对这句话进行分析可以发现，“eagle”是美国的国家象征，因为美国钱币上大都印有“鹰”的图案，由此可推断“eagle”喻指美国钱币，进而得出该句是周五一直是付款日的意思，从而获得准确的理解。因此，为了丰富学生的文化知识，教师要引导学生广泛阅读，以使学生对不同国家的文化背景知识有所了解，为阅读能力的提高打下基础。

（二）语法知识

语法基础不扎实也是影响学生阅读能力提高的一个重要原因。例如，Behaviorists suggest that the child who is raised in an environment where there are many stimulus which develop his or her capacity for appropriate responses will experience greater intellectual development. 当遇到这样的句子时，大部分学生都不知道该如何处理，但仔细分析这句话就不难发现，事实上整个句子是“Behaviorists suggest that”宾语从句的结构，而在这个宾语从句中又包含一个定语从句，这样层层分析，结构就清晰可见。但是，只有具备了一定的语法知识才能进行层层的分析，所以要提高阅读能力，对语法知识的掌握一定要扎实。

（三）词汇掌握

造成阅读困难最主要的原因就是缺乏词汇量。阅读能力的高低在很大程度上取决于学生掌握词汇的多少。掌握的词汇量大，学生在阅读的过程中就会显得轻松；反之，掌握的词汇量小，则会很容易造成阅读困难。因此，要想提高阅读能力，首先要做的就是加大词汇量。

（四）阅读兴趣

通过调动学生的阅读兴趣，可以进一步激发他们的阅读欲望，从而促进他们对阅读材料的深入理解，最终推进和提升他们的学习主动性。由于阅读兴趣也是影响阅读效果和质量的关键因素之一，因此为确保阅读教学的有效顺利实施，教师需时刻留意学生的兴趣，从材料筛选、过程监控到阅读评估，全方位地关注学生的学习体验。

（五）阅读策略

好的阅读策略可以帮助学生有效地、顺利地完成阅读任务，如果阅读策略运用得不恰当，则会影响阅读的质量和速度，阅读也就不能在规定的时间内完成。所以，提高阅读能力要具备好的阅读策略。

（六）阅读习惯

不好的阅读习惯会阻碍学生阅读能力的提高，也会影响阅读教学的开展。例如，有些学生习惯在心里默读，有些学生习惯用笔或手指着阅读，还有的学生习惯不断阅读已经读过的内容。这些不良的阅读习惯，不仅会降低阅读的速度，浪费阅读的时间，而且还会在一定程度上破坏思维的连贯性，阻碍阅读的顺利进行。因此，教师要注意观察和发现学生阅读过程中的不良习惯，并帮助学生克服这些不良习惯，以提高学生的阅读水平，确保阅读课堂教学顺利有效地开展。

（七）思维习惯

中、英文在文化方面存在着一定的差异，因此在语言的遣词造句上也有着很大的区别。中文句式的表达特点是次要信息在前，重要信息在后。而英文句式的表达特点正好与之相反。我们已经习惯了母语的思维，在学习第二语言时，或多或少地会运用母语的思维习惯，在英语阅读中也是如此。因此，掌握这种差别对于提高阅读能力有着重要的意义。所以，教师在阅读教学过程中要注意加强对学生这方面的训练。

五、阅读课堂教学的主要策略

教学策略是决定英语阅读课堂教学成功与否的重要因素之一，在此我们就从阅读前、阅读中以及阅读后三个阶段探讨具体的教学策略。

（一）阅读前策略

进行阅读前的活动十分重要，因为阅读前活动可以使学生在尽可能短的时间内了解与所要阅读材料相关的信息；激活有关话题的背景知识；使学生尽快进入文章角色；调动学生的积极主动性，为进一步的阅读做好准备，打下坚实的基础。下面我们介绍以下 4 种阅读前活动。

1. 清除障碍

上述我们提到，词汇是影响学生阅读能力提高最主要的因素，因此教师应在阅读教学的过程中通过对话、故事、图片等形式给学生灌输词汇，扫除词汇障碍，从而更好地帮助学生阅读。教师可以在课前给学生布置一些预习的任务，这样不仅能培养学生学习的积极性，还能帮助学生明确预习目标，做到有的放矢，并能为课堂教学的顺利进行做好心理和知识的准备。

2. 逐步扩展，以旧引新

一篇文章由许多词构成，这些单词再通过语法结构构成句子。在教学过程中，有时候一个语法会出现在几个单元当中，所以教师就要注意这个特点，并在教授的时候不断地提及这类语法，以增强学生的记忆。在英语学习过程中，语法的难度是呈递进的趋势的，所以在学习新的语法点时，教师要结合旧的语法知识，通过对旧知识的复习，引出新的语法点，从而使学生学到新的知识，并巩固旧的知识。

3. 了解背景知识

每一门语言都承载着一种文化，学好英语不只要背其中的单词，还要学习和了解背后的文化。所以，教师在阅读教学前，有必要为学生介绍一些与文章有关的社会文化背景知识，这样不仅能使学生更好地了解阅读的内容，而且能在一定程度上激发学生的阅读兴趣，提高学生学习的主动性。背景知识通常指在阅读某材料之前要了解的知识，既包括普通常识，又包括读者日积月累的经验和知识，具体内容有以下 3 个方面。

①历史文化、习语与典故。深入了解历史文化、习语及典故等方面的背景知识，有助于视野的拓展和对文章理解的加深。

②宗教文化。在英国，基督教为主要的宗教，英语中有一些与之有关的词语，所以在阅读时应加以注意。

③日常风俗习惯。以见面打招呼为例，在英国，人们见面多谈论与天气有关的话题，而在中国，熟人见面多问“你吃了吗？”

4. 预测情节

如果能很好地预测情节，将对阅读的顺利完成起到很大的帮助。因此，教师在课前可以让学生根据题目或一些关键词，大胆地想象，预测故事的情节。这种方法不仅可以激发学生的好奇心，激发学生的阅读积极性，巩固学生对已有知识的掌握，而且能培养学生的逻辑推理能力，为学生准确把握文章的主旨起到促进作用。通常，题目是一篇文章中心的体现，所以教师可以根据课文的题目引导学生去预测课文的内容，预测的内容正确与否，对理解文章会有影响。此外，教师可以引导学生根据文章的关键字对课文内容进行预测，让学生充分发挥自己的想象力，然后通过阅读课文来验证自己的预测。

（二）阅读中策略

1. 略读

通过正确的略读，学生能够在有限的时间内接触到更多的文献，从而筛选出具有特殊意义的部分。所谓的正确略读，实际上是有选择性的阅读策略，采用这种策略能够使学生以最快的速度对全文进行粗略阅读，以获取文章的主旨以及主题大意。略读不仅适用于英语写作教学，而且能用于英语语法和词汇教学中。略读并非必须逐字逐句地阅读，而是需要选择每一段的开头和结尾，有时候只需要将段落主题句指出来，对其主要事实或者细节进行重点掌握即可。略读可以帮助读者迅速而准确地理解文章主旨，提高学习效率，当学生采用此种阅读策略的时候能够有意识地将一些词汇、句子或者段落省略，对于一些微小的细节或实例则无须特别关注。

略读是需要技巧的，其具体技巧如下。

①着重阅读文章的首尾段以及段落中的段首和段尾。文章是由段落组成的，段落是由句子构成的，然而这种构成并不是东拼西凑，而是有一定的章法。往往许多文章的第一段是对全文主要内容的概述，而最后一段作结论。段落的首句也往往是主题句，而末句常常是结论句。

②对文章的题目、小标题、黑体字、斜体字以及画线部分加以注意。因为文章的题目常常是文章内容的主旨，所以利用标题常能帮助我们预测文章的主旨大意。而小标题是各部分内容的概括和浓缩，黑体字、斜体字和画线部分则是提醒学生这一部分是很重要的信息。

③留意关键词语。关键词对于文章的理解有很好的帮助。关键词可以反映在特定的场景下谈论什么话题，而且大多同文章的主题有关，利用关键词可以推测文章的主题。

④重视关联词语。表示顺序、递进、转折、原因、结果等逻辑关系的关联词语对于预测上下文的关系至关重要，学生能据此判断作者的思路和观点。

通过阅读文章的首段和末段以及每一段的主题句，便可了解文章的主旨大意，并且每一段的主题句构成文章的脉络，脉络清晰明了，中心也就清楚可见了。

2. 寻读

在文章中寻找特定信息的具体过程，通常被人们称为“寻读”。寻读是一种特殊的思维形式，在进行寻读之前，必须对所需查找的对象及其特征进行明确，并将其正确输入大脑，以在进行眼睛扫描的时候，可以更加快速、高效发现所需查找的对象。寻读是一种快速、准确地获取知识的策略，学生在学习中采用此种寻找特定信息或词组的方法，可使阅读速度以及阅读效率得到较大幅度提升。

3. 跳读

阅读的方式要根据阅读的目的而定。有时候，当我们需要获取所需信息时，不必拘泥于逐字逐句、从头到尾全盘阅读，而是能够采用跳读的方式来获取必要的信息。跳读的最终目的在于依据问题的性质，寻找正确答案，精准地定位那些详细又明确的信息，特别是在时间紧迫、无法全文阅读的情况下，或者对于选择题中的几个选项无法及时作出判断的情况下。在使用此种阅读策略的过程中，一般需要遵循以下流程。

①要弄清楚问题，对问题的内容有一个大致的了解，然后确定所需要的信息及这种信息的出现形式。

②了解问题之后，再回到原文，根据问题中所提供的线索寻找相关的信息。

③找到所需的信息之后，认真阅读上下文，并对其进行加工处理。对于问题中要求的选出时间、地点、人物、做事的方式、事情的起因、结局，可以边读边画下来做记录，以便于查找。

④对于一些无关紧要的信息，就可以省略不读。

⑤最后再回到问题当中，给出合适的答案。跳读不仅可以快速地进行语言信息的比较、筛选，而且能在一定程度上提高解决问题、信息处理和语言的评价能力，最终达到高效准确的实用效果。因此，无论是平时训练时还是临考时，教师都应该注意对学生这方面的培养，提高学生跳读的能力。

4. 寻找主题句

（1）主题句在段首

通常作者在写文章时，首先会引出一个话题，其次再对这一话题进行详细的阐述，因此主题句位于段首的可能性最大。主题句在段首，开门见山，一目了然，也最容易被读者把握。

（2）主题句在段尾

有时文章的主题句位于段尾，此时的主题句通常是对上文的总结，或是对上文的描述提出的建议。主题句在段尾，往往有信号词伴随，但这并不表明所有出现在段末的主题句都有信号词作为标记，分辨这种结构模式并不难。

（3）主题句同时在段首和段尾

有时主题句会同时出现在段首和段尾。主题句在段首和段尾同时出现，即文章主旨在段首和段尾同时概括出来，但是在内容上后者并不只是对前者简单的重复，而是对前者的引申。同时，两者在用词和句型结构方面会不同。

（4）主题句在段中

有时主题句不在文章的段首或段尾，而是存在于段中。这样的文章中，主题句之前的段落往往是为主题句的出现做铺垫的，以引出要论述的主题。而主题句之后的段落则是为进一步详细阐述主题思想做准备的，以进一步叙述细节，引申主题。

（5）主题句暗含段落之间

并非所有的段落都有主题句，在有些文章中，尤其是多段文章中，无论是段首、段中还是段尾，都找不到明确的主题句。这些文章中的主题句都融入段落之中，因此要想概括文章的主旨大意就要捕捉文章的细节，在头脑中形成整体印象。

5. 推理判断

在许多情况下，我们需要进行推理和判断以获取所需信息，因为这些信息无法直接从文章的表面意义上呈现出来，推理判断可以帮助我们更深刻地了解文章内容。学生需以全文理解为基础，以各种信息为起点，逐层分析文章，最终将文章的核心思想准确推断出来。推理可分为直接推理和间接推理两类，接下来本书将详细探讨这两种推理判断的具体细节。

（1）直接推理

为了进行直接推理判断，学生需要对文章的内涵有一定的了解，并按照文章提供的信息进行合理的推断，以得出结论。但要注意，推断也要忠于原文，如果和文章没有关联，那么尽管听起来很有道理的判断也是没有意义的。

（2）间接推理判断

间接推理判断相较于直接的推理判断，是一种更为复杂和含蓄的推理方式，具有更高的推理难度。一般而言，间接推理判断要求学生对文章的内在含义进行更深层次的挖掘，来推断、揣摩作者的态度以及文章的主题等方面。

①推断作者的写作目的。作者在写每一篇文章时都会带有不同的目的。例如，

说明文是客观地介绍某种事物、方法和观点等，目的是使读者有所“知”；而议论文则是主观上的议论，目的是说服读者使其有所“信”。准确地推断出作者的写作目的，对于理解文章、掌握文章的主旨大意有重要的意义。

②推断作者的态度。在写作过程中，作者不可避免地会流露出对人或事物的观点和态度。如果能准确把握作者的态度和观点，将会对文章的整体以及深层含义的理解有重要帮助。但要注意的是，推断文章的中心思想时要遵照作者的意愿，一定不要将个人主观想法或观点掺杂其中，尤其要重点留意描绘环境氛围相关的语言，同时关注表达情感、态度以及观点方面的词汇，并且按照所处的背景知识进行科学、合理的推断。

③推断文章的来源。有些阅读理解要求学生推断文章的来源，即推断文章采用何种体裁，出自何处，如新闻、传记、演讲、广告、科技论文、通知书、请假条等。推断文章的来源要求学生具备一定的文体知识。

6. 推算数字

学生需要具备准确捕捉文中数字信息的能力，同时将科学原理作为重要的基础，对文章的基本含义进行充分掌握，还需要对某些公式进行灵活运用，以方便运算。

7. 信息转换

信息转换的目的在于运用表格、图画等不同的转换方式，把文章中的形式信息成功转化为可见信息，以加深记忆，并且在记忆中将这些信息长时间保存，就某种程度来说对于学生理解文章具有极大的帮助。

8. 猜测词义

陌生的单词和短语是每个人在阅读中都会遇到的，如果这些生词对文章的理解没有太大的障碍，那么就可以将这些生词忽略掉。但在很多情况下，这些生词对于文章的理解起着至关重要的作用，如果不弄明白这些生词，阅读的进行就会受阻。此时就要结合上下文以及线索词来判断其含义。这里我们具体介绍以下 7 种情况。

（1）利用定义线索词

定义线索词往往提供一个概念的或抽象的词。如 is，means，to say，that is，or 等，有时甚至是破折号“——”和括号“( )”。

（2）利用同义词线索词

同义词线索词提供的是与生词相同的意思，有助于我们确定生词的含义。

（3）利用反义词线索词

与同义词线索词不同，反义词线索词提供的是与生词相反的意思。

（4）比较线索词

有时作者会在文章中提出两个主题（如人物、地点、情况或想法等），并对这两个主题进行比较，以说明他们之间的相同之处和不同之处。这样的比较有助于读者在更广的范围内理解作者的想法。

（5）利用重复线索词

有时作者会采用不同的词来表达相同的想法，来向读者强调和明确某一想法。

（6）利用预测性线索词

我们知道，利用词语的共性和上下文逻辑关系可以理解文本的含义。其实，通过理解上下文，也可以预测下文共生性词语的含义。

（7）利用篇章或段落的上下关系

在理解篇章大意的基础上，通过上下文的关系，很容易预测出生词的意思。

9. 运用标志词判断上下文逻辑关系

标志词作为一种具有标志性的词汇，能够引导读者朝着正确的思路“前进”，就像指引方向的标志一样，对阅读顺利进行具有不可忽视的重要作用和意义。因此，作为教师要善于运用各种形式和方法来帮助学生掌握好标志词的使用方法，特别是在授课中有责任向学生介绍一些具有象征意义的标志词，以确保学生能够流畅地完成阅读任务。这里我们介绍以下 4 种。

（1）表时间顺序的标志词

有一些词语可以指示事情发展的时间顺序，这些标志性词语有利于文章的理解。常见的表示时间顺序的标志词有 when，meanwhile，before，then，next，secondly，until，after that，soon，finally，in the end，at last 等。

（2）表举例的标志词

作者在举例进行说明时，也常使用一些标志词，主要有 for example，for instance，such as，like 等。

（3）表转折的标志词

作者转变自己的思想方向时，常会用一个信号词来显示这个改变的思维模式。

（4）引导更多信息的标志词

这些词语预示着下文会有更多相同类型的信息对刚刚读过的内容进行补充，这些词语就是引导更多信息的标志词。如“It is the responsibility of each student to obtain the required books and materials for each course；furthermore…”在此句中，“furthermore”就是提供更多信息的标志词。类似的标志词还包括 also，next，too，in addition，besides，what's more 等。

（三）阅读后策略

在教学过程中，阅读后阶段是一个至关重要的阶段，它旨在通过巩固与灵活运用所学知识，进一步加强巩固以及有效拓展学生在阅读过程中学到的语言知识，同时为其打下说能力与写能力的重要基础。在这一阶段的教学中，教师应设计一些与课文内容相关的活动，充分发挥学生的想象力和创造力。具体活动包括复述（Retelling）、转述（Reporting）、填空（Blank-filling）、写作（Writing）等。

1. 复述

复述是一种具有挑战性的口语练习，其前提是学生对阅读材料已经有了一个大致的了解，并消除了生词障碍。在这一过程中，教师可以让学生根据图片和关键词来复述阅读材料的大致内容。

2. 转述

转述针对的是对话性语篇，因此教师可以让学生用第三人称转述所学的内容，引导学生将对话转述为描述性的语篇。

3. 填空

填空就是教师写出文章的概要，为学生留出一些空白让学生填写。在填写时，教师可鼓励学生尽可能地使用不同的词和短语，而不局限于原文的词或短语。

4. 写作

在这里写作指的是对阅读材料的仿写和续写。根据课文内容，教师可以让学生写出文章的摘要。如果课文是叙述性的文章，教师可以安排学生续写文章，以发挥学生的想象力，培养学生的发散思维。

在具体的阅读教学过程中，上述阅读教学方法和策略不可能全都会用到，但是针对不同的阅读材料，适时地选用其中一两个，可有效激发学生的阅读兴趣，提高学生的阅读技能，达到阅读教学的目标。

（四）阅读后教学活动设计

读前阶段和读中阶段主要侧重于培养学生的阅读能力和帮助学生掌握新的语言点，只是将学生置于理解层面上，那么在读后阶段的教学任务则应该尽可能为学生创造条件，在学生的“知”和“做”之间架起一座桥梁，以帮助学生把学到的语言知识通过有计划地分阶段的训练进行消化和吸收。下面介绍两种常见的阅读后活动。

1. 阅读后教学活动类型

（1）文本知识巩固型

在进行了读前和读中的两个阶段后，教师可以在读后阶段围绕所学文本，通过针对性的练习活动帮助学生把学到的语言知识进行训练，从而消化和吸收知识，对文本进行有效巩固。教师可以采用以下方法，如词汇练习、完成表格（如任务型阅读题型）、归纳文章（段落）大意、复述文章。同时，也要具有目标性，即读后的任务设计要与本科的教学目标相吻合，读后活动要有利于学生的语言输出，必须与教学目标相吻合。设计的读后活动应难度适中，操作简便。活动的形式与教学内容密切相关，应围绕学生获得语言知识和读写技能为目的进行设计。教师结合阅读文章，选择适合的话题，引导学生通过活动收集材料、积累语言，再进行不同文体的写作训练，实现读写有机结合。

（2）文本知识拓展运用型

在学生初步理解文章并对阅读效果进行初步巩固后，教师可组织安排一些运用型练习活动，以引导学生正确、灵活运用所学内容。一是写作型，在读中阶段对文本的主题和基本框架进行分析，并据此对课文进行缩写、仿写或改写；或将课文由一种体裁改写成另一种体裁，如将戏剧改写成故事，或将故事改写成对白；让学生发挥想象续写文章结尾、制作海报等。二是表演型。表演型的阅读课读后活动有角色扮演、采访、辩论等。学生要进行这些活动，不仅要熟悉课文内容，而且要对所学的语言知识有自己的理解和感悟。在表演过程中，表演者和观看者都处于积极状态，课堂气氛热烈，有利于学生在轻松愉悦的氛围中提高自己的英语综合运用能力。另外，还要具有反馈性，即学生写完作文后，教师要对其进行批改、点评，发现学生存在的问题，表扬优点。教师通过有效的评价确保写作的良好效果，提高读后活动的有效性。

（3）文本主题升华型

给学生灵活运用语言提供足够的实践空间，包括学生理解、阐释、欣赏和评价文本的深层次内涵，并将其运用于写作中。开放性的读后任务能拓展学生思维的广度和深度，满足学生学习时个性化的需求。教师要根据学生现有的学习能力，充分挖掘阅读文本中的思想内容，然后根据阅读材料的主题设置相应的写作任务，让学生在理解文章要传达的主要信息的基础上，领会文本的文化内涵，思考人与自然、人与人、人与社会的关系，从不同的角度理解人类的共同经验，并大胆提出自己独到的理解和思考。教师可以从阅读材料中提炼出一些有意义的话题，然后创设情境，组织学生去评议文章中的人物、事迹，讨论社会热点话题，让学生发挥想象，激发他们积极向上的进取心，发展学生的思维，丰富学生的情感世界，培养学生的学习兴趣。

2. 阅读后教学活动设计应遵循的原则

（1）以语言输入和输出的一致为指引的原则

阅读作为一种基本的语言输入方式，其最终目的是语言的输出。所以，设计读后活动的第一要领就是要重视课堂的主题内容和重点语言。如果语言输入和输出不一致，将会在一定程度上影响核心语言知识的教学，这样的读后活动也就失去了其本身的设计初衷和意义。

例如①让学生了解有关濒危野生动植物的基本情况和保护措施。

优化后学习目标：

①语言知识与技能目标。

A：The students will be able to use some words and expressions about wildlife protection in topic-related activities.

B：Develop the students' reading ability.

②过程与方法。

The students will be able to summarize the three aspects that Daisy learned about wild life protection by analyzing the text structure and under-standing the detailed information of the text.

③情感与价值。

A：The students will be able to share their knowledge about wildlife protection.

B：Students will develop the sense of wildlife protection.

（2）以学生为主体的原则

在阅读教学的读后活动阶段，教师应该最大限度地发挥学生的作用，能够让学生做的尽量让学生去做。如让学生口头总结，让学生来表演，让学生来写作等，以此来锻炼学生的概括能力、口头表达能力、书面表达能力，提高学生学习的积极性、主动性，并加深对所学内容的印象。另外，也要求设计的活动吻合学生的能力实际。同时，教师在设计读后活动时，要考虑到班级学生的实际情况，难易要适当，要符合学生自身的学习水平。读后活动的组织形式要做到个体活动与小组活动、集体活动相结合，力求全员参与，不能设计超出学生实际水平的内容，不能使活动沦为少数几个学生的表演秀。以《大学英语》有关动物保护的读后活动为例。

Step 1：Design a slogan.

Step 2：Group discussion：What can be done to protect wildlife？

这个活动让学生设计一个保护野生动物的公益广告的口号，学生能说出很多有创意的句子。例如，“We are one family. / Protect wild-life，protect ourselves. / No buying，no killing. Animals are in danger.”。这样的活动让学生积极发挥自己的主体作用，能让学生的概括、口头表达等能力得到锻炼。

（3）以分层设计为步骤的原则

在读后活动的实施过程中，要遵循学生的认知规律，任务的设计应该遵循由简入繁、从易到难、由基础到综合、从初级到高级的层次性设计原则，形成任务阶梯式的层层递进、步步深入的顺序，从而为学生铺设好脚手架，最终完成新语言、新知识的构建。

以 An Interview 为例，通过以下问题，让学生把对话改编成以“Ancient Olympic Games and Modern Olympic Games”为标题的短文。

Q1：How often were/are the games held？

Q2：What events were/are there？

Q3：Who took/take part in the games？

Q4：How were/are the winners honored？

Q5：What's the motto of the Olympics？

这样写作式的读后活动，在教师的问题引导下，很快就形成一个框架，便于学生完成这个读后活动。

例如，当问题设计在“最近发展区”，会激发学生的思维，促进学生的发展。所以设计的问题要与学生的生活经验和认知水平有机衔接起来。

原导入环节：

Look at the title "How Daisy learned to help wildlife" and think.Why does wildlife need help？ What are the reasons for their being in danger？

优化后导入环节：

A：Enjoy some pictures of endangered animals and name them.

B：Watch a video made by WWF,an organization devoted to wildlife protection, and. share your understandings about the meaning conveyed in it.

（4）以加强活动的监控为评价的原则

教师应提高对有效语言输出的监控意识，关注学生的语言输出是否与教学目标相吻合，而不是只停留在对于学生表达的流畅度和准确度上。教师应该适时调整活动方式和目标导向，适当的口头提醒课堂主题和语言等方式来加强监控，保证读后活动的有效性和方向的正确性。

以“A Night The Earth didn't Sleep”的读后小组探究活动：

Are there any sentences in the passage which imply the feeling of the writer about the earth-quake？

What does the writer want to express by using the title "A NIGHT THE EARTH DIDN'T SLEEP”？

Suggest your own title.

在学生寻找句子和思考标题的时候，教师应该在各个小组之间走动，提醒本阅读课的主旨，帮助学生关注重点语言和各段大意，这样可以有效地帮助学生把握文章，得出自己的主旨理解和自己的设计标题。

第五节　英语写作教学

写作是一种心智技能，借助文化的力量将抽象的概念成功转化为具体的表达。写作是语言文字与思想的结合，语言文字在写作中得到丰富，思想在写作中变得更加深刻。因此，在教学中教师应重视对学生写作能力的培养，使之成为学生全面成长的基石。英语写作和英语学习相互促进，与英语教学相辅相成，相互促进。在语言教学中，写作既可以作为一种训练方法，又可以成为学生的一项基本能力。从本质上讲，英语写作教学就是教师引导学生运用所学英语材料进行思维加工、分析思考、语言表达等活动的过程。英语写作不仅是学生英语语言发展的必需品，是学生捍卫自身教育权益、表达内心情感、思想以及自由的一种必要方法之一，同时也是学生心智生活中不可或缺的关键组成部分，更是将英语语言信息转化为自身知识、将知识提升为自身智慧、将智慧提炼为自身德行的有效途径之一。英语写作能力是一个人综合素质中不可缺少的部分，对个人未来职业能力有着一定的影响。当代英语写作课堂教学的重要性与功效不言而喻。

一、写的心理机制

（一）构思

李赋宁先生作为我国英语界的泰斗，始终高度重视培养写作能力。在他的回忆录中，他详细描述了自己在英语写作教学改革方面的实践和探索，同时也清晰、准确地表达了他对写作的重要性的认识，即“我有一个坚定的信念，就是学好英语，必须落实在笔头”。① 在英语写作中，构思是关键一环，它扮演着至关重要的角色，是不可或缺的核心环节。构思实际上是计划，具体而言就是在进行正式作文之前，作者进行一系列的预备工作。站在写作心理层面来看，写作构思主要指的是作者在脑海中按照特定题目的具体要求，明确表达的信息，同时从长期记忆系统中提取相关信息，最终将其组合成文章的内容以及形式结构的一个具体过程。

① 李赋宁. 学习英语与从事英语工作的人生历程 [M]. 北京：北京大学出版社，2005.

根据心理学家的研究，构思在写作过程中具有非凡的意义，这一点毋庸置疑。因此，培养学生良好的思维品质和思维习惯对提高其写作水平具有重要作用。随着学生心智的逐渐成熟，他们的英语写作构思能力也在逐步提升，这一点已经得到证明。

根据不同的写作研究视角，英语写作构思可被归类为多种不同的类型。约翰·R．海耶斯（John R.Hayes）等学者将写作构思划分为文本构思与过程构思两方面，以达到更高层次的表达。文本构思聚焦于作文内涵、形式以及对读者产生的一系列影响。语言构思和抽象构思是文本构思的两个主要方面，它们共同构成文本构思的基础。语言构思通过语言表达出来，抽象构思则是从文章结构中提取出思想来。在构思语言之前，作者已经在内心深处构思好了句子，在进行抽象构思时，经常采用类比与抽象的方式。过程构思是一种以主题为中心的思维方式，强调从整体上考虑问题。过程构思涉及写作中的思维方式及思维习惯，在撰写过程中，关注的是作者作为写作主体所扮演的角色，以及作者怎样更加有效地履行写作任务。事实上，人们对写作的构思进行了多种分类，本书在这里就不一一赘述了。

掌握英语写作构思的方法，对于英语写作具有非常重要的意义。构思既是一种方法，又是一种思想和能力。因此，如何构思便成了英语写作能力生成与发展的重要组成部分。丰富和选择写作素材是构思的重要一环，构思时进行的一项最基础工作就是产生观念。观念来自作者积累下来并在头脑里存储的各种与文章主题相关的信息，在中国古代文中叫作“事理”和“事物”。写作素材的涌现不是一蹴而就的，而是需要经过漫长的时间以及不断的心力沉淀，方能提炼出精华所在。同样，关于如何选材的探索也是很重要的。材料的选择或取舍既表明作者的价值取向，又是表现作者写作才情的标志。

在进行构思的同时，学生还应该考虑如何谋篇布局。学生除了要从长时记忆中提取与文章的主题相关的观念以外，还要对观念进行有效的组织。组织观念的过程也是谋篇布局的过程，作者在主题思想的引导下考虑观念材料的轻重缓急、主次详略和先后顺序，策划文章的开头和结尾，谋划文章前后的衔接和照应，在动手作文之前，在头脑中形成一个逻辑严密、结构谨严的文章整体轮廓。一般来讲，开头和结尾是一篇文章的重要构成要素。成熟的作者往往对文章的开头和结尾有详细的思考和体会。另外，写作技巧的运用是英语写作的基本条件，但技巧的使用必须服从文章的整体布局，要把技巧置于文章整体的统筹之中。

（二）转换

转换（转译）将写作任务的心理特征成功转化为文章的文字符号，它既包括对语言结构的分析和理解，又包括对意义的建构和阐释。学生在写作过程中将思维活动有效转化为语言表达的心理过程除了涵盖思维与表达两大要素之外，还包括转化因素（转译因素）。转换或转译成了写作心理学研究领域内最重要的问题之一。在写作的过程中，需要进行各种水平的转换或转译，从最初的概念到最终的文本，都需要进行相应的操作。根据写作转换心理理论，将写作过程中的思维转化为书面语言，需要经过三个层次的转化过程。第一级转化主要是从思维模式向内部语言模式的有效转换；第二级是从内部言语到外部言语的转换；第三级是从外部言语中提炼书面语言，即文本作品。写作过程在某种意义上就是写作者解决“说什么”和“如何去说”的问题。如果这种说法正确的话，那么我们可以认为构思阶段主要解决“说什么”的问题，转换阶段则主要解决“如何去说”的问题。

英语写作转换过程的基本形式就是起草。起草或起稿是将构思转化为文本的必然途径。起草就是根据写作者在构思阶段在头脑所形成的心理提纲着手进行的文章初稿写作。在这一阶段，写作者的首要任务是建立文章的框架结构，以便与先前的设想吻合。文章初稿的写作要求学生行文时更多地考虑文章的内容，同时也要兼顾遣词造句、语法标点、修辞手法等；要努力使草稿一气呵成，讲究文稿的整体性与连贯性。

（三）修改

初稿完成以后就是对文章的修改、加工过程，包括学生对初稿的思想内容、语篇结构、语句标点等所做的更换、调整、增补、删减等工作。修改包含评价和改正两个过程。评价是改正的前提，评价是指学生根据心中的标准审阅或评判性阅读已经成稿的文章。在评判性阅读中，写作者要从宏观到微观对文稿作出自己的研判和甄别。当然，不同的维度和层面有不同的修改方法。人们往往把作文改正分为微观修改、宏观修改和校读。微观修改是指修改文稿的段落和句子，这一过程强调段落与段落之间、段落与句子之间的统一性、完整性和连贯性，也强调句子的简洁性；宏观修改是指修正文稿的内容和结构，包括修改文稿的角度、焦点、结构、风格和文体等；校读是指改正词语、标点符号等技术性的错误，使文章行文在措辞方面更加顺畅，文字组织更加规范。

总而言之，修改是写作过程中的有机组成部分，它贯穿于写作的整个过程。可以说，英语写作就是重写或修改的过程。

（四）自我调控

所谓自我调控，是指主体为了达到预定的目标，将自身进行的活动过程作为对象，对其进行计划、监察、检查、评价、反馈、控制和调整的过程。一般来说，自我监控主要包括四个环节。

第一，制订计划。

第二，实际控制。

第三，检查结果。

第四，补救措施。

自我调控贯穿于构思、转译和修改写作的全过程。20 世纪 70 年代以来，心理学界对写作中的自我调控从理论和实践两方面进行了大量的研究，研究表明，学生写作中的自我调控能力或自我调控策略的运用技巧，是衡量个体写作能力高低的重要指标。

英语写作自我调控可以分为三个主要范畴或过程。

第一，环境过程。

第二，行为过程。

第三，个人过程。

环境过程是指作者对其写作活动所处的自然环境或社会环境的适应和控制。行为过程是指作者对与英语写作有关的外显活动的自我调控。个人过程涉及作者在写作过程中对认知和情感策略的运用。英语写作中自我调控的运作是多维性的、多元化的和多层次的。自我调控的主要策略是由写作本身决定的。通常来讲，写作是由学生写作任务环境、学生长时记忆和写作过程三个部分构成。学生写作任务环境是由学生的写作安排或准备和学生外部储存量方面组成。写作准备或安排包括写作主题、读者和写作的动机线索；写作外部储存是指学生所使用的外部资源和文章已写的部分对未完成的部分的所产生的影响。学生的长时记忆是指学生头脑中储存的丰富知识。学生写作必须拥有的知识有三类分别是学生自身的知识、关于文章主题的知识、有关修辞的知识。写作过程主要是指写作构思、转译和修改。英语写作中的自我调控策略也由此或隐或显地分为三个方面，有环境结构化、外部资源的自我选择，有自我监督、自我结果、目标设定、时间计划和管理、自我评价的标准和认知策略，还有自我言辞表达和心理意象等。

环境结构化策略是相对写作环境而言的，它涉及学生对环境进行有意识控制所采用的一些方法和策略，使学生在写作过程中能够集中注意力，不受外界无关因素的影响；外部资源的自我选择策略也与环境有关，它是指学生对范文、指导教师和书籍外部资源的自我选择。自我监督即写作过程的自我记录，自我记录能使写作行为按目标和要求顺利发展，它具有任务目标的指向作用，对于写作的成功而言是不可或缺的环节。自我结果是作为一种写作过程的自我调控的行为形式，它是学生视写作完成情况所作的自我强化。时间计划指写作过程中对各个环节所需要的时间进行有效的分配、管理和控制。目标设定是指学生对写作期待结果的一种规定，它包括达到特定目标的规定和文本质量规定。自我评价是指学生个人对文章结果的满意度，它也可以用来诊断写作或学习失能的标准。认知策略是学生经常在写作过程中使用的策略，它是写作各个环节都必须使用的写作技术。自我言辞表达是指学生通过口述方式来帮助自己写作。心理意象，也称“心理肖像”，是指学生在创造性的写作过程中，有意识或潜意识地运用一些生动细致的意象，帮助或达到刻画情节和任务的目的。

自我调控对于英语写作能力的形成与发展具有一定的意义。写作之所以依靠高水平的自我调控，是因为它是一种有意识的、自我激发和自我维持的心智活动。自我调控策略的运用能够促进英语写作能力的提高，反之，写作能力的提高又可以推动学生自我调控策略的发展。自我调控的发展既是教学目标，又是英语学习的目标。它在教学的训练中得到提高，又在学生英语写作的体悟中得到提炼与升华。

二、写作课堂教学的内容与目标

（一）写作课堂教学的内容

写作教学的基本内容包括结构、句式、选词、拼写和标点符号等方面。下面就对这些内容进行讲述。

1. 结构

（1）谋篇布局

谋篇布局是写作的重要准备工作。因为结构是写作的基础，学生有必要了解不同体裁、题材文章的谋篇布局，根据写作目的选择适当的扩展模式。如篇章的结构：根据写作目的选择适当的扩展模式；段落的结构：主题句—扩展句—结论句。但谋篇布局并非一成不变，而是根据题材和体裁的不同而不同，在不同的文章中，主题句、扩展句及结论句的作用是不尽相同的。例如，在议论性文章中，主题句的作用主要是陈述读者认为正确的观点，扩展句是以说明的顺序扩展细节阐述原因，而结论句主要用于总结和重述论点。在说明性文章中，主题句的作用就是介绍主题，扩展句的作用就是以时间、重要性等顺序扩展细节说明主题，而结论句的作用则是概述细节，重述主题。

（2）完整统一

所谓完整统一，是指文章的所有细节如事实、例子、原因等都要围绕主题展开，所有的信息都要与主题相关，与内容关联。所有偏离主题的句子都要删除，同时保持文章段落的完整性。在教学的过程当中，对于这方面的训练也是非常重要的，在训练的过程中可采用专项练习方式，如设计含有不相关的段落，组织学生修改等，不断加强学生在这方面的训练，增强学生关于这方面的意识。

（3）和谐连贯

和谐连贯是判断一篇文章好坏的重要标准，因此在写作的过程中必须注意文章的连贯性和逻辑性，保证句子与句子之间紧密相连，内容之间衔接流畅，段落与段落之间环环相扣，使整篇文章流畅自然、和谐统一。此外，使用恰当的起连接作用的词或词组，也能起到使文章流畅、段落紧密、句子严谨的作用，还可以引导读者随着作者的思路去思考问题。另外，过渡语的使用也可以起到增强文章连贯性的作用，但在写作的过程中要注意，过渡语不能不用，也不可以滥用，要在保证文章结构流畅、内容简洁的前提下使用。

2. 选词

选词也是英语写作教学的重要内容之一。选词往往与个人的爱好有关，它是个人风格的体现，也是作者与读者之间交流的方式之一，因此词的选择要考虑语域的因素，如褒义词与贬义词的选择、具体词与概括词的选择、正式词与非正式词的选择、形象词的选择以及拟声词的选择等。另外，选词还要考虑角色的因素以及读者对象的因素等。

3. 句式

英语中的句式多种多样，常见的有强调、倒装、省略等，而且每种句式的变形也是多样的，因而有必要让学生对此多加练习。为了增强学生对句式的认知，让学生掌握正确的表达方式，在写作教学中，教师可采用“示范”和“讨论”的方式，对学生进行训练。

4. 拼写和符号

拼写与符号主要涉及学生的基础知识，包括单词的拼写和标点符号的正确与否。这些虽是一些细节问题，但仍对写作有着一定的影响，因此也是英语写作教学的重要内容。因此，在设计写作教学方式和内容时应将拼写和符号这些因素考虑进去，以增强写作教学的策略性和有效性。

（二）写作课堂教学的目标

《大学英语课程教学要求》中有明确的说明，主要分为以下 3 种要求。

（1）一般要求

①能掌握基本的写作技能。

②能写常见的应用文。

③能描述个人经历、观感、情感和发生的事件等。

④能在 30 分钟内完成不少于 120 个词的一般性话题的短文，且中心明确，结构完整。

（2）较高要求

①能就一般性主题表达自己的观点。

②描述各种图表。

③能写所学专业的概要。

④能写所学专业的英语小论文。

⑤能在 30 分钟内完成不少于 160 个词的短文，且内容充实，条理清晰，语句简洁流畅。

（3）更高要求

①能以书面形式比较自如地表达个人的观点。

②能用英语撰写所学专业的简短的报告和论文。

③能在 30 分钟内完成不少于 200 个词的各类作文，且逻辑性强，观点明确。

三、写作课堂教学的模式与原则

（一）写作课堂教学的模式

写作课堂教学的模式主要有 3 种分别是重结果的教学模式、重内容的教学模式和重过程的教学模式。

1. 重结果的教学模式

重结果的教学模式是一种比较传统的教学模式，这种模式强调词汇、拼写、语法和句法等方面的教学，其操作步骤：首先，教师出题；其次，学生进行写作；最后，教师批改。

2. 重内容的教学模式

重内容的写作教学模式更加注重写作素材的收集。教学中教师主要是指导帮助学生从不同的渠道获取信息，教师的重点在于帮助学生准备写作，丰富写作内容。重内容的教学模式主要有 3 个步骤。

第一，收集信息。收集信息是内容教学模式的重头戏。写作要求明确之后，学生带着问题去读书、听讲座、参加讨论，以获取写作素材，然后将获取的写作素材进行综合整理。

第二，写初稿。学生在教师的指导下根据写作要求将收集的素材转化为文章，这是成文的主要阶段。

第三，修改。修改与写初稿之间没有严格的界限。两个阶段的任务都让学生自己完成。在这一阶段，学生对初稿加工润色形成定稿。

此教学模式既可以使学生运用原有的知识，又能借助新获取的信息使学生开阔视野，丰富写作内容，但同时要求学生必须具备一定的阅读能力，对学生的现有语言能力要求较高，不适合低中水平英语学生。

3. 重过程的教学模式

重过程的写作教学模式力求营造一种教学氛围，把学生和学生的需求置于师生间交互学习的中心，这种教学氛围营造的目的有以下 4 个方面。

①使学生可以共享信息，相互帮助。

②使学生可以在写作时敢于创新，并作出个性化选择。

③将写作视为一个过程，认识到这个过程就开始写第一稿。

④与其他同学合作评估自己的写作水平，再进行修改和完善。

该教学模式的操作步骤主要分为 5 个步骤，具体如下。

第一，写前准备。这一阶段的主要任务是在教师的指导下学生进行审题，并通过小组讨论的方式搜集素材，然后进行构思并列出提纲。

第二，写初稿。该阶段学生采用个性化活动方式，独立完成初稿的写作。

第三，修改。这一阶段主要在课堂上进行，一般采用学生相互之间进行修改和教师抽样点评相结合的方式。

第四，写第二稿。主要是学生根据修改阶段发现的问题完善自己的写作，写出第二稿，可以说是一个再加工的过程。

第五，教师批改讲评。在这一阶段，教师的主要任务就是让学生充分了解写作的过程，活跃课堂气氛，调动学生的写作积极性，开发学生的思维能力。

（二）写作课堂教学的原则

1. 层进原则

英语写作能力的提升并非一蹴而就，必须由浅入深、由简到繁、由易到难，循序渐进，一环紧扣一环地进行训练。卜玉坤曾经就英语写作教学提出了“大学英语写作分阶段教学的具体方案”，大致分为以下 10 个阶段。

①写简单句。

②写复合句。

③段落的组成及要点。

④段落的发展方法。

⑤文章的文体类别。

⑥文章的结构。

⑦写作步骤。

⑧写作的书面技术细节与修辞手段。

⑨范文分析和题型仿写。

⑩独立撰写实践。[①]

当然不同教师的具体教学实施的阶段划分可以不尽相同，但是由词到句再到篇，这种由低到高、由易到难的教授方法却是写作教学的一般规律。

2. 多样原则

表达英语的方式有很多种，同一意义往往可以用不同的句型来表述。在写作教学的过程中，教师应该努力引导学生学习使用不同的句型结构来表达同一意思的句子，这样既能弥补学生在语言知识上的不足，又能启迪学生的思维，把知识变成技能，灵活运用语言。

3. 以学生为中心原则

以学生为中心就是在写作教学开展的过程中，要以学生为主体，充分尊重学生的主体性。要使学生成为学习的主体，就要激发学生写作的兴趣，调动学生的积极性。其中小组讨论就是一种很好的方式。过程教学法的成功与否，主要取决于教师是否有组织、怎样科学引导学生开展小组讨论，以及怎样对学生的作文进行及时反馈，这是至关重要的，不容忽视。教师在小组讨论时可采用多种方式，如可以采用卷入式，可以采用提问式，还可以让学生集体回答，甚至可以采用互助式，让学生相互问答并共同完成一个问题。总之就是要发挥学生的自主性，使学生积极参与其中。

4. 系统原则

目前我国英语写作教学中存在的最大的问题之一就是整个教学过程缺乏系统性，主要表现在以下 4 个方面。

①无科学的教学计划。针对大纲规定的教学目标，教师没有制定科学的教学计划，使得教学目标的实现没有可靠的保证。

---

① 卜玉坤 . 大学专业英语 [M]. 北京：外语教学与研究出版社，2001.

②无系统的教材。目前还没有一套专门而又系统的写作教材，写作教学大都安排在每节课的最后，教师鉴于时间的关系，往往以布置作业的形式进行，这根本就不能达到提高写作水平的目标。

③无具体的时间保障。由于课时有限，写作不单独设课，而只是附带在阅读课或是口语课中，于是写作教学就变成一个随意的过程。常常是教师发现剩下点时间，于是任意指定个题目，让学生写篇作文。

④无系统的练习。要想写好文章，必须建立在大量材料的基础上，进行大量的系统的练习，并且掌握写作的基本方法和技巧，这样写起来才能得心应手。

这些问题都亟待解决，否则势必会在一定程度上影响英语写作教学的效果，学生的写作能力也很难得到提高。

5. 综合原则

在英语教学中有“听说领先，读写跟上”的传统，由此可见，一堂生动有效的写作课应该做到听、说、读、写的综合运用。在写作课上，教师要选择优秀作文进行评价，学生在听的过程中既练习了自己的听力，又找到了自己写作中存在的不足。在写作课堂上，无论是写前的准备，还是写后的修改都离不开听、说、读，可以说听、说、读不仅是写作教学的跳板，而且贯穿于整个写作活动的始终。

四、写作课堂教学中常见的问题

（一）写作教学系统性不足

英语写作教学系统性不足不仅体现在教学目标上，而且还体现在教学方法、写作和主题知识的提炼、写作指导的思路和写作时间安排上。

1. 教学目标

与语言的学习一样，英语写作能力的培养是一个循序渐进的系统过程。教学目标是以系统的形式存在的。系统性是英语写作目标实现的基本保证，所以英语写作目标系统性不足大概是总体目标与阶段性目标不协调导致的，也可能是显性目标与隐性目标系统不平衡造成的，还可能是教师对写作的目标体系与学生写作实际之间关系的认识模糊造成的。英语写作的总体目标是指针对学生的生理、心理特征，结合写作教学自身的规律，并在英语课程标准中明确规定的总体任务。所谓阶段性目标，就是英语写作教学根据总体目标制定的一系列的阶段性目标，也就是说各学段、各年级或各学期写作教学的具体目标或要求。由此可见，英语写作的阶段性目标是总体目标体系的子系统。然而，就目前的写作教学现状来看，英语写作的总体目标与阶段目标之间的系统性不足，总目标与子目标之间连贯和衔接的科学性有所缺失。总之，英语写作的总体目标是阶段目标积累的结果，阶段目标是总体目标的演绎和发展。总体目标是阶段目标组成的有机统一的整体，阶段目标则是总体目标的分解。写作总体目标与阶段目标的不协调必然导致目标实现的困难。

决定写作目标实现的重要因素是显性目标与隐性目标，显性目标就是完成英语课程标准规定的基本任务，正确理解和运用英语的语言和文字，培养学生英语写作专门理念和习惯，人们将这些能力概括为构思谋篇能力、行文能力和修改能力。所谓隐性目标，是指抽象的、间接的目标。隐性目标多隐含在显性目标之中，并通过显性目标的实现达到的目标。英语写作目标的隐性目标从属于英语语言教育乃至整个教育的整体目标。也就是说，通过英语写作教学，可以训练学生思维，发展学生智力，培养学生良好的道德情操，促进学生的全面发展。总之，隐性目标是显性目标的发展，又是显性目标的一种支持。从目前英语写作教学的实际来看，教学中重视显性目标的实现，而忽视隐性目标的存在。两者的不平衡将导致个体写作能力与个性发展的不平衡。

此外，教师对英语写作教学目标与学生实际之间关系的认识含混也是教学目标难以实现的重要原因之一。目标事实上是教师和学生对学习结果的期待系统，教学目标与学生实际学习情况之间肯定存在空间或距离，两者之间保持适当的距离有利于学生写作能力的发展，两者间的距离过大或过小都在一定程度上不利于学生写作能力的培养和发展。英语写作教学是立足于学生的实际逐步向目标逼近的过程。教师和学生可以在目标与实际的空间中设定诸多步骤，教师必须了解实现每一环节目标的可能性和条件，以及了解实现目标的过程中学生可能会遇到的困难。教师和学生对目标与实际之间关系和意义认识含混，势必会导致行动和反应的迟缓，直接或间接地影响写作能力和教学水平的提高。

2. *教学方法*

教学方法的错误使用也是导致英语写作教学系统性不足的原因。王策三指出，“教学方法是为达到教学目的，实现教学内容，运用教学手段而进行的，由教学原则指导的一套方式组成的、师生相互作用的活动。”① 从本质上看，方法是一种对活动行动程序或准则的规定，通常表现为一种活动模式，它指导人们按一定的程式、规则去行动。教学方法有效运作其实就是依靠系统实现的。教学方法是整个教学系统的一个子系统。从上述定义可知，教学方法与教学目的、教学内容以及师生的互动关系都存在着联系。英语写作教学方法的运作取决于教学系统，写作教学方法的系统运作决定着写作教学的效率。因此，系统性是英语写作教学方法内在的规定，离开了系统教学方法便失去了意义和价值。

教学方法是受教学目的、教学内容和师生关系制约的。没有了教学目的，写作教学便失去了方向；离开了教学内容，英语写作方法便失去了意义；缺失了师生之间的互动性和双边性，写作教学方法便失去了价值。所以说，不同的教学目的，不同的教学内容和不同的师生关系就有不同的写作教学方法。不同的教师和不同的学生学习知识经验就有不同的写作教学方法选择和运作。不同的内外条件使得写作教学方法的系统运作呈现不同的水平、不同的层次。如我们可以采用形式法、学科中心法、修辞法、表露法、模仿法和程序法等。

3. 写作的指导思想

英语写作能否成功还受教师的写作指导思路影响。教师写作指导的系统性是写作教学的关键。写作技能是练成的，多练对于写作能力的生成是有好处的，但多练不等于泛练。盲目的泛练对于写作能力的培养是不利的。从遣词造句到段落和篇章的写作，从记叙文撰写到议论文写作，从构思、行文到修改，学生写作是一个由浅入深的系统操作过程。因此，写作指导应该也是一个系统的过程。

学生写作时间的安排需要有一个科学和系统的计划。写作能力是练成的，练习是需要时间的。写作练习的时间安排是写作教学不得不考虑的问题。写作练习的密度是需要教师反复思考的问题，教师应该根据写作技能形成的规律，确定写作练习的密度。

4. 写作主题知识的提炼

英语写作教学系统性缺失也表现在教师和学生对主题相关的知识积累和提炼缺少一定的系统性和计划性上。具体体现在以下两方面。

一方面，主题相关知识的积累不是一蹴而就的，它的积累需要有一个系统的

① 王策三. 教学论稿 [M]. 北京：人民教育出版社，2005.

过程。我们在英语写作教学中发现，教师常常强调语言知识对于写作的重要性，而在一定程度上忽视了主题相关知识的重要性。因此，教师对这方面教学随意相对较大，对于相关知识的讲解和指导相对比较缺少系统性和整体性。

另一方面，教学中教师对相关的主题知识的选择存在盲目性。从目前的很多英语教材编写体系来看，学生写作的主题是由阅读的文本提炼而成的，并且阅读篇章的主题选择有一定广度和深度。但主题的分布科学性相对不足，主题知识的深度和难度的变化不够系统。主题知识的学和教学缺少一定的系统性必然造成学生英语写作的困难。

（二）重写作形式，轻写作过程和内容

长期以来，我国英语写作教学中一直存在重形式、轻过程和内容的原因有两方面。

一方面，对于中国学生而言，英语是一门外语，所以初学者要直接用英语进行写作自然是无比困难的。人们认为，英语写作教与学的过程侧重语言形式的作用是自然而然的。重视词句的规范性和文章结构，忽视文章的内容和思想是英语写作教学普遍存在的现象。把文章结构和语言形式看成写作教学的主要内涵似乎是英语写作一条不成文的规定。对于初级英语写作教学而言，学会把握作文的结构和形式似乎成了教师指导英语写作的全部内容。

另一方面，由于教学传统的原因，英语写作中语言形式和文章结构一直被写作教学所重视。年复一年，传统的做法演化为教师的教学方法和课堂行为，传统的思想和方法逐渐成为教师教学中的一份坚持，学生也慢慢地接受了这种写作思想，也习惯于这种写作方法。文章的丰富性和深刻性在于内容的个性化和思想的独特性。语言形式和文章结构只是作者表达思想和情感的一种方法。文章结构和格式的把握对于学生而言固然重要，但写作教学中过分强调其作用不见得是好事。文章的思想和观点的生成是写作的源，文章结构和语言形式则是流。处理好源与流、本与末、主与次的关系是英语写作教学必须解决的问题。

（三）写作的教与学相互颠倒

英语写作是一项具有实践性的操作活动，它以培养写作能力为基础，与一般的知识性课程有着显著的区别。因此，英语教学必须重视对学生的英语写作教学。

但教学并非实现学生英语写作能力提升的唯一途径，主要体现在以下两方面：第一，因为写作作为高度实践性的学科之一，所以在写作教学中，应以学生的实践与操练为主要方法，教师的授课则应被视为辅助方法。第二，学生在写作过程中，经历了构思、修改和构成等个体活动环节，教师的过度讲解既会浪费学生在课堂上写作的宝贵时间，同时也在一定程度上抑制了学生在写作方面的积极性、自发性以及主动性。

教师在指导学生写作时，理性地讲解过多、过深，使学生尤其是初学写作的学生产生畏惧心理。因此，学生丧失了写作的兴趣，从而在一定程度上影响教学目标的实现。

在学生的写作指导中，教师经常将自身的写作心理感受与经验作为基础，在一定程度上限制了学生的创作，从而进一步弱化了学生的写作心理体验。由于英语写作教学的主次颠倒，在一定程度上导致学生在写作过程中出现了普遍相似的构思、行文以及情感体验，这使得学生的英语写作逐渐失去了独特的个性与创造力。

（四）重模仿轻创作

初学英语写作的一种简单、有效的方法就是模仿。模仿是写作教学的起始状态，但不是最终状态。模仿是英语写作的必经阶段，特别对于我国学生而言，情况更是如此。但是，过度的机械模仿对于学生英语写作能力的培养必然是一种阻碍。写作是一种个体的心智行为，从构思、行文到修改，其过程无时无刻不体现作者的个性特点和独立思考能力。一直进行机械的写作模仿练习必定在一定程度上抑制学生的写作积极性和主动性，影响学生的写作动机和兴趣。写作是一种过程，写作能力的形成也是一种过程。写作是创造的过程，创造是写作的生命，个体从写作过程中获取意义和价值是通过创造实现的。创作的过程性决定了写作的意义，过程性又规定了写作过程的创造价值。在英语写作教学中，创造与过程是互为效果的。创造支撑着过程，过程演绎着创造和创作。

英语写作中模仿是方法，而创作是结果，也是过程，两者主次关系自然分明。创造性、过程性和个性是写作的生命力，也是写作教学的生命力。离开了个性，创作便成了一句空话；离开了过程性，创作便失去意义。模仿在写作和写作教学中是必要的方法之一，创造是写作过程的主旋律。如何把模仿与创作有机融合在一起是英语写作教学研究的主题。

五、写作课堂教学的主要策略

（一）选题构思策略

1. 自由写作式

自由写作式实际上指的是学生在获得问题后，在头脑中以主题为中心展开思考，并记录下和主题相关的信息。将自己的想法记录完毕之后，再回头阅读所写的内容，从中挑选出对写作有用的信息，并将其余的放弃，这样写作的思路自然就打开了，写作的框架也就很容易形成。

2. 思绪成串式

思绪成串式是指将主题写在纸中间的一个圆圈里，想到与主题相关的关键词就写下来，画个圈。然后将这些观点进行总结归纳，最后确定写作思路。这是扩展写作思路的另一种有效的方法。对展开的一连串思路进行总结归纳，最后的写作思路也就很容易确定了。

3. 五官启发式

五官启发式作为选题构思方法之一，通过对视觉、听觉等方面的综合思考，以寻找和题目相关的素材，但思考时也没有必要面面俱到。这种方法常用于描写文当中。

（二）开篇策略

通常来讲，一篇文章包括三个部分：开头、中间和结尾，但开头最引人入胜。在英语测试中，如果文章有一个出彩的开头，那么获得高分的概率就相对比较大。因为在教师有限的阅卷时间内，文章的开头部分首先映入他们的眼帘，文章开头写得好，往往就相对比较容易得高分。

1. 下定义

就是在开篇给出必要的解释说明，以帮助读者理解。

2. 描写导入

描写导入就是通过描写背景导入正题。

3. 以故事引入

以故事引入就是以故事作为文章的开头以引出下文，这种方式可有效地激发读者的阅读兴趣。

4. 问答式

文章的开篇采用问答的方式，能有效地吸引读者的注意力，激发读者阅读的兴趣。例如，以五个“W”与一个“H”开头的英语问句为基础，尽可能多地提出问题，并按照问题来确定自己的写作思路。

（三）段落展开策略

1. 按定义展开

这种方法常用于说明文，即对某一个含义复杂、意思抽象的词语或概念阐明其定义。在下定义的同时，还可运用举例子、打比方的方法，让读者对其定义有一个明确完整的了解。

2. 按分类展开

按分类展开段落常用于说明文中，一般是将要说明的事物按其特点进行分类，并逐一说明。

3. 按时间展开

这种方法常用于记叙文，通常是记叙一件事情，按照事件发生的时间顺序来写。

4. 按空间展开

该方法常用于描述一个地方或景物。文章是根据一定的空间方位顺序来写的，如从上到下、从左到右、从里到外等。

5. 按过程展开

按过程展开，就是文章按照事情发展的经过顺序进行逐项说明。这种段落展开方法常用于记叙文中。

6. 按原因、结果展开

按原因、结果展开的方法主要包括三种形式：第一，是按照一定的原因展开，简单来说就是以因果关系为基础，在文章开头先呈现结果，随后逐一阐述原因；第二，是先给出结果，然后再叙述其原因；第三，是文章既分析原因又分析结果。这种段落展开方法常用于说明文中。

7. 按类比或对比展开

类比是比较同一范畴事物之间或几个人之间的相似之处，对比是比较事物或人的不同之处。类比和对比常同时使用，展开论述以指出二者的相同之处和不同之处。这种方法常用于说明文中。

8. 按实例细节展开

按实例细节展开，即在文章开头提出论点，随后举出实例加以说明。这种展开方法常用于说明文，将主题句的抽象意思具体化，给读者一个清晰、有趣、深刻和可信的印象。

（四）衔接策略

一篇文章的品质除了在于其内容的完整性，更在于其结构的连贯性，紧凑的结构在某种程度上决定文章优劣，是一个至关重要的因素。结构紧凑指的是文章中的各个部分的有机融合和紧密衔接，始终围绕着主题展开，形成一种高度协调的整体，同时句子段落结构条理清晰、层次分明，不前后脱节、语无伦次。在英语写作中，结构的紧凑程度是决定文章好坏的一个重要因素，所以一篇文章，不仅要在内容上具有完整性，还要在结构上具有连贯性。如果结构的连贯性不佳，那么就会给读者理解文章带来障碍。只有在文章的结构上保持连贯性，读者在阅读的时候才可以跟上文章思路，从而深入了解文章的主旨。为了确保文章的连贯性，通常可以采用以下的衔接措施。

①使用平行结构。使用平行结构的句子，能够最大限度地呈现段落的主旨。

②保持名词与代词在人称、数量上的平衡，以确保其在语义上的一致性；动词的时态保持一致。这样一来，文章的连贯性、清新性和流畅性都能得到有效提升。

③使用过渡词语。使用过渡词语，能够在文章中起到承上启下作用，把句子更加巧妙地串联在一起，从而使文章的各个段落相互衔接，形成一个有机的整体。

④使用代词。采用代词替换上下文中提及的事件或者人物，以实现句子的相互呼应和衔接。

⑤重复关键词语。通过使用重复的关键词，能够实现句子之间的紧密衔接，推动段落持续向前推进。

（五）结尾策略

1. 总结式

总结式就是在文章结尾处对全文进行概括总结，以揭示主题，加深读者的印象。

2. 重申式

重申式就是在文章结尾处通过重复引言部分提出的观点，以达到深化主题、强调中心思想的效果。

3. 建议式

建议式即针对文中讨论的现象或问题，提出建议，提供解决的方法。

4. 展望式

主要是在文章结尾处表达对将来的期待，给人以鼓舞。这种结尾方式有助于增强文章的感染力。

5. 警示式

这一方法主要是依据文中的论点，在文章结尾处揭示问题的严重性，以引起读者的重视，引发读者的思考。

（六）修改策略

在完成初稿后，必须对其进行全面细致的阅读和修改，删除与主题无关、重复或多余的部分，纠正表达不完整或不清晰的地方，纠正拼写、语法和符号等方面的错误，这样才能使文章通顺流畅，文笔优美和谐，增强语言魅力和说服力。对于文章的修改，需要从多个角度入手，包括但不限于以下方面。

1. 主题

在此方面，首先要考虑的是文章所呈现的主题是否完整一致，其次审视文章的内容是否同标题相符，主题句、时态、语气、逻辑是否清晰明了、得当、一致、正确。在审视的过程中，若发现任何问题，应立即进行必要的修改，以确保准确性。

2. 段落

在检查文章中的段落方面存在问题的过程当中，能够从检查段落材料的充分性、展开的流畅性、说理的清晰度等方面入手。

3. 语法

语法错误是学生写作中容易出现的，因此需要特别重视。在检查语法方面的问题时，需要考虑的方面包括检查文章中有无病句、有无拼写错误、标点符号的运用是否正确等。

第六节　英语翻译教学

翻译是世界文化、经济、技术得以沟通的桥梁和纽带，翻译人才也是各个领域需要的人才。翻译教学是培养翻译人才的主要途径，也是英语教学中的重要组成部分。

一、翻译教学的理念

（一）翻译理论

翻译课程的先导是翻译理论，理论的意义在于它对课程的指导作用，就目前的理论来讲，不仅学派众多，而且十分繁杂。如果把不同学派的理论观点和相关内容全都搬进翻译论中，不仅使人感到空泛，而且也不具备一定的条理性和科学性。

翻译功能相对于翻译理论而言，其目的论更符合实际应用的翻译需求。根据该理论，翻译过程的决策既不在于其本身或者对接收者的影响和反映，又不在于作者赋予其原有的功能，而在于译本所期望的最终目的和功能。翻译活动是一种交际行为，译者应以译出语读者为中心，采取各种不同方法来实现其目的。一般而言，实用文体翻译所追求的目的具有现实意义，甚至带有功利性质。翻译委托人、译本接受者以及其所处的文化背景或者情境，在一定程度上限制了这一目标的实现，因此在进行实用性文体翻译时就需要考虑到这些因素。实用文体翻译的基础依据在于目的与功能，功能目的论的核心理论则在于二者的相互印证，从而为理论与实践的完美结合提供可能性。学校开设翻译课程的初衷在于培养学生在实践中灵活运用语言的能力，学生选择这门课程大多是为了在相关考试中获得更高的分数，或者为未来的职业发展提供更多的思考空间。这是因为翻译能起到提高学生英语水平和交际能力等作用，同时又能使学生掌握一些翻译技巧与方法，更好地为我国社会主义现代化建设服务。因此，运用翻译的功能目的论，对学生的翻译课程进行科学指导，有助于激发学生的创造性与积极性，从而促进他们在学习中的发展。

（二）语言的对比

语言的对比是翻译教学的基础，通常我们在学英语的过程中都有这样的体会，一旦脱离说英语的环境，我们总会本能地说母语，这一点对初学者来说更为明显。然而当我们有了一定的词汇量时，我们就会愿意说英语，但是在这个过程中，我们会把中英文进行比较，也就是说当我们有些短语不知该怎么翻译时，就会用中文的思维方式去翻译。如 20 世纪 30 年代有人把“the Milky Way”硬译成“牛奶路”已成为翻译史上的趣谈。学生把“他的英语水平比我高”译成“The level of his English is higher than me.”这种汉化的英语就是由于不了解英汉两种语言形式上的差异，而造成生搬硬套的结果。在两种语言的转换过程中，译文是对比或比附的产物。翻译学科的目的在于将不自觉或无意识的错误对比成功转化为具有指导性的对比，以便更深入地了解英汉两种语言之间的差异和相似之处。可见，在语言对比的过程中，需要关注两方面：一是相同之处，二是不同之处。英语与汉语之间存在着大量的词汇差异和句法上的差异，每个词汇都有其独特之处，包括但不限于词序的差异、信息重心的不同安排等。英汉两种语言之间虽然存在一定的差异，但是在英汉语言中均存在介词，且有时其用法亦相同。介词的作用是把名词或其他形容词所表示的动作、状态、行为或观念加以具体化、形象化、清晰化。需要注意的是，汉语中的介词大多源自动词的变化，有些至今仍难以明确其为动词还是介词。英语中的动词和介词在本质上存在着截然不同的差异，英语介词通常需要联系动词进行翻译。

（三）翻译技巧

翻译教学的核心在于传授翻译技巧，这是不可或缺的，因此在教学中要重视对学生进行语言对比意识和能力的培养。掌握翻译理论与语言对比的规律，就是从科学的层面出发，帮助读者进一步深层次理解翻译的实质和原则，从而打开正确和完善的翻译思路。然而，要真正做好翻译，必须勤学苦练和潜心实践，同时注重翻译方法和技巧的研究。翻译课程的核心在于传承和传授前人所总结的珍贵经验，这些经验涵盖对翻译方法和技巧的理解和表达两方面。

（四）分析与综合

分析与综合是翻译的方法。在翻译中可以发现，对于同一个句子可以有多种翻译，语法结构都没有错误，可是肯定会有一个是最佳的。要想翻译得精准，不仅要求作者头脑通达、清晰、锐利，还要有深厚的文字功底。这样翻译出来的句子或文章才会思路完善透彻，语言简洁、优美。

在翻译的过程中，要充分运用综合与分析两种方法，即从总体及其系统要素关系上，连点成线，集线成面，集面成体，再对各个层面进行动态或静态的分析观察，透过现象从本质去观察事物的本来面目。在翻译教学中要加强学生对这两种方法的练习，使其在翻译时能够有效运用这两种方法。

二、翻译课堂教学的内容与目标

（一）翻译课堂教学的内容

英语翻译课堂教学的内容基本上可以分为以下四个板块。

第一，双语知识与技能。即英语和汉语相关知识，以及一些基本的学习技能等。

第二，翻译技能。这是英语翻译课堂教学的重点内容，包括一些主要的翻译方法和技巧等。

第三，相关知识。翻译并不是孤立存在的，它涉及的范围十分广泛，与其他知识和内容有着密切的关系，因此也是英语翻译课堂教学中的重要内容之一。

第四，人文素养。翻译要涉及不同国家的政治、经济、文化、历史等，因此翻译也要求译者有一定的人文素质，因此人文素养也是英语翻译课堂教学中不可缺少的重要内容之一。

（二）翻译课堂教学的目标

英语翻译课堂教学的目标主要包括以下 3 点。

1. 使学生了解翻译的基本概念、性质、形式和认知过程

在学习的初级和中级阶段，翻译教学要帮助学生了解翻译的一些基本知识，如翻译的基本概念、翻译的主要性质、翻译的各种形式、翻译的重要作用、翻译译场、翻译的主要标准、翻译的基本原则、笔译与口译的种种差别、口译和笔译基本技巧以及不同语言之间信息转换的过程等。尤其要使学生了解语言知识与认知之间的紧密关系，了解对于翻译而言认知知识的重要性。同时，这些知识的传授要

贯穿在教学的各个环节中，既需要教师与学生的积极互动也需要学生的积极参与。

2. 培养学生的双语思维能力，掌握基本翻译技巧与方法

中国学生一直在汉语的环境中长大，因此习惯用汉语的思维来思考问题，但翻译要求人们同时用英语和汉语的思维来考虑问题，因此英语翻译教学要培养学生双语转换思维的能力，这也就成了翻译教学的重要目标之一。此外，要想顺利进行翻译，还离不开一定的翻译技巧和方法，因此使学生掌握尽量多的翻译技巧和方法也是英语翻译教学的重要目标之一。

3. 提高学生的双语表达能力

提高学生的双语理解和表达的能力也是英语翻译课堂教学的重要目标之一。因为翻译涉及的是双语交际的活动，交际活动中使用的语言，其含义有时是字典中提供的含义所不能涵盖的，因此这就需要在翻译前、翻译中和翻译后进行充分的准备，也就使不断丰富学生的百科知识、增强学生的理解和表达能力成为英语翻译课堂教学的目标。

三、翻译课堂教学的模式与原则

（一）翻译课堂教学的模式

英语翻译课堂教学模式有两种，一种是以学生为中心的教学模式，另一种是多媒体教学模式。下面我们对这两种模式进行详细的介绍。

1. 以学生为中心的教学模式

现代教育观认为，学习的过程是学生主动接受刺激、积极参与意义构建的思维过程，学生是教学服务的对象，教学过程中应以学生为中心组织教学，充分发挥学生的积极性和创造性，同时也不能忽视教师的引导作用。这就强调了以学生为中心的教学模式的重要性。以学生为中心的教学模式有着显著的特点，具体表现在以下五个方面：一是教学的主要目的是培养学生独立的翻译能力；二是教学的重点发生了转移，由以教师为中心转向了以学生为中心；三是注重学生学习的积极性和主动性；四是强调翻译过程；五是关注学生信心的树立，要求教师对学生的译文持宽容、积极的态度。

就学习的认知过程来讲，只有学生主动地参与到学习过程当中，才能快速高

效地完成学习任务。在学习的过程当中，学生的主观态度、意识和情感等因素对学生翻译能力的发挥有着一定的影响。因此，在这一模式的具体实施过程当中，教师要善于观察和分析学生的心理特点，并根据学生的特点来适当调整教学，为学生营造一个轻松愉悦的学习氛围，充分调动学生的积极性，激发学生学习的兴趣，使学生勇于发表自己的观点。同时，这一教学模式要求教师要结合学生的兴趣、需要、特长以及弱势来组织课堂讨论，以培养学生乐于交流的性格，激发学生的创造性思维；还要求教师对学生的译文持宽容、积极的态度，积极评价学生的优秀译文，使学生树立自信心。因此，无论是在课堂讲解或是课堂实践中，教师都应将学生置于教学的主体地位，并依据学生的实际情况开展和组织教学。

2. 多媒体教学模式

由于传统教学方法的局限性和落后性，现在越来越多的学校和教师开始在课堂教学中运用多媒体这一新的教学手段。在教学的过程中，多媒体教学模式可分以下步骤进行。在课堂上教师为学生讲解语篇文体特点等方面的知识，帮助学生理解语篇的基本知识，如语篇的背景知识和语境等。这些活动可采用电脑、电视、投影仪等多媒体方式进行，这样可使学生更快地进入角色，对讲解的基本知识有一个深刻的了解。让学生对背景知识进行复述和概括，教师做必要的补充和纠正，以使学生掌握需要了解的内容。让学生阅读原文，然后独立思考，并着手进行翻译，同时教师帮助学生解决遇到的难题，并做全班讲解。学生以电子邮件或其他形式提交书面作业，之后教师对学生进行分组，小组内部展示作业，并相互交流发表对译文的不同看法，选出一人将大家的意见综合起来。教师可参与讨论，并对学生的活动和译文作出评价。可以看出，多媒体教学模式逐渐改变了传统翻译课堂教学的模式，学生不再是被动的接受者，而是成为积极的参与者。同时，通过多媒体技术，学生可以更容易也更轻松地体会英汉文体的不同风格，并领悟英汉语言之间的差异。而且，多媒体能够提供丰富的教学资源，可为教师和学生提供大量的信息，同时也为教师和学生带来了信息交流的机会。此外，多媒体这种新颖的教学方法调动了学生的参与积极性，激发了学生的自主性，发展了学生联想和创造性的思维。

（二）翻译课堂教学的原则

翻译教学的最终目的就是提高学生的翻译能力，培养学生的交际能力。而英语翻译教学的原则始终贯穿其中，指导和促进着翻译教学的进行。因此，英语翻译教学应遵循 5 个方面的原则分别是交际原则、认知原则、文化原则、系统原则、情感原则。

1. 交际原则

交际作为语言的一个重要职能，同时也是英语学习的终极目标所在。英语交际能力的核心在于精准获取信息和传递信息的相关能力，前者体现在理解上，后者则表现为口头表达能力或者书面写作能力。在翻译教学和翻译能力的培养过程中，交际能力不仅包括语言表达的准确性，而且涵盖将信息转化为具体形式的技能。根据交际理论，语言作为一种表达意义的体系，其交际功能以及结构反映了其功能与交际用途，语言的基本单位除了限于其语法与结构的特征，也包括反映话语中功能与交际意义的范畴。交际能力也就是通过理解原文来传达译文所隐含的意义的能力，所以教师在翻译课堂教学的过程当中应当始终秉持交际原则，以此为基础，培养和提升学生的翻译技巧与能力，以达到更高层次的教学效果。

2. 认知原则

在学习和接受新知识的过程中，学生通常会根据自身的认知特点和思维方式，采用与他人不同的学习策略与学习方法。所以，教师在翻译课堂教学的过程当中应当以认知原则为指导，对学生的个体差异进行全面考虑，并根据学生的特点设计出可以激发和调动学生学习兴趣、积极性和主动性的活动模式，引导学生积极、正确思考，鼓励学生形成个性化的学习方法与学习策略，培养和提升学生的翻译技能，从而真正实现学生的有效交际。

3. 文化原则

作为跨文化交际活动的关键环节，翻译要求学生对不同语言国家的政治体制、经济模式等方面有深入的了解。所以，在翻译课堂教学中，教师必须时刻牢记并遵循这一原则，把学生始终置于跨文化交际的语境中，注重培养和提升学生在跨文化信息转换方面的能力，使学生充分认识到只关注语言的对应却忽略不同国家之间的文化差异将难以实现交际目的。

4. 系统原则

语言作为一个庞大的完整体系，其中的各个成分与要素相互交织、紧密相连，且遵循一定的规则和规律。翻译作为一种特殊的交际行为，同样遵循着这个客观规律，并受到一定程度上的制约和影响。翻译教学同样如此，作为错综复杂的系统工程，蕴含独特的规则、技巧与方法。从这个角度来说，翻译教学与其他学科一样，也存在着许多规律性问题。所以，教师在翻译课堂教学的过程当中应当严格遵循系统化原则，按照翻译的本质、翻译教学的基本规律以及学生与社会的不相同需求，对教学大纲进行科学、系统地合理制定，以便使学生的翻译技能得到较大幅度的提升，同时使自身的翻译教学效率在一定程度上也得到一定的提升。

5. 情感原则

情感原则也是翻译课堂教学应遵循的一个重要的原则。因为在翻译的学习当中，学生的学习动机、学习态度、学习兴趣、学生自身的性格都会影响学生的学习效果，因此教师应不断引导和调控学生的学习态度以及学生个人的情感。

四、翻译课堂教学中常见的问题

当代英语翻译教学的现状并不乐观，还存在一些问题，下面我们就对这些问题进行简要的介绍。

（一）学生翻译中存在的问题

翻译能力是语言综合运用能力之一，从目前的一些公认的测试中可以看出，目前学生的翻译能力还存在着一些问题，主要表现在以下方面。

1. “的的不休”

许多学生习惯在翻译程中使用“的”字。一见到形容词，就会机械地翻译为“……的”。

2. 不善于增减词量

不善于根据汉语译文的需要而增加或减少词量也是学生翻译过程中常见的问题。学生在翻译过程中通常是英文原文中有几个词，其译文就有几个词，这种译文常过于累赘甚至出现错误。

3. 方言及口语词汇使用严重

在我国多地都使用方言，所以在翻译的过程中也常有方言俚语出现。这些方言俚语的出现有时会使人觉得比较别扭。

4. 不能正确选择或者引申词义

有些学生在词义选择和上下文同义引申方面存在困难，导致他们在理解译文时会遇到困难，甚至引发一些尴尬的场面，可见掌握一定的词汇量是很重要的。英语单词的词义具有高度的灵活性，即使是相同的词汇或类别，在不同的情境下也可能呈现出多种不同的含义，要想准确地掌握单词的词义，就要了解它在一定语境中所代表的意思。在翻译的过程中必须基于上下文的相互关联、逻辑关系或者句式结构，对某个词在特定情境下所应具备的词义进行科学判断与确定，甚至在某些情况下还需要将词义进一步引申，这样才能准确地传达原文中的思想内容。若脱离上下文，孤立地翻译一个单词，则难以将句子的深层含义准确地表达出来。

5. 语序处理不当

英汉两种语言的语序存在着诸多的不同之处。汉语的逻辑性很强，其语序通常依据一定的逻辑顺序按照由原因到结果、由假设到推论、由事实到结论、由条件到结果的次序有先有后、有主有次地逐层叙述。而英语的语序较为灵活，通常开门见山，直奔主题，然后再作解释。在表达多层逻辑思维时，英语常根据句子的意思和结果灵活安排语序。但是，在进行英语翻译的时候，学生经常受限于原文词序，导致词序或句序出现错误。在不同的英汉表达方式下，会出现一些牵强附会的翻译问题。

（二）教师教学中存在的问题

翻译作为一项重要的口头和书面信息交流技能，其教学质量的优劣在一定程度上取决于教师的教学水平，然而在翻译教学中，教师所具有的问题也是不可忽视的，这些问题在一定程度上直接影响着翻译教学质量的进一步提升。

1. 教学形式单一

教师在翻译的授课过程中通常会首先安排学生进行实践练习，以此作为教学的开端，并且在之后的作业批改中致力于找出学生作业中的所有错误，并逐一进行纠正。其次，在最终的讲评练习中，教师仍然坚持以纠正常见的典型错误为主要目标，并对其进行逐一评析。这样的教学方法和授课方式虽然耗费了大量时间和精力，但在一定程度上忽视了学生主体性的发挥和对学习方法的掌握，效果并不尽如人意，同时也未能充分激发学生积极参与课堂活动的热情。

2. “一言堂”

大多时候，教师是课堂的主体，一味地在课堂上讲，学生一味地听，却没有发言的机会。这在很大程度上遏制了学生的积极性，课堂气氛也会因此变得相对比较沉闷。所以，英语翻译教学应一改过去以教师为中心和“一言堂”的做法，鼓励学生同桌进行互相修改，或者进行小组讨论、集体修改等，采用此种授课方式，有助于拓宽和延伸学生的思维视野，培养和提升他们主动学习、自我发现和解决问题的相关能力，同时也可以更好地活跃课堂氛围，使教师的教学效果得到较大幅度提升。

3. 重视程度不够

目前英语教学大纲对翻译能力培养的要求不够具体，翻译在教学过程中的地位和作用明显没有其他英语技能显著。教师大多采用传统的翻译之法，非常肤浅地比较两种语言之间的异同，只是把翻译当作理解和巩固语言知识的教学方法，注重的是语言形式而非语言内涵，强调的是翻译知识而不是翻译能力。教材中的翻译练习只是被简单地一笔带过，常常只是强调一下翻译材料中重复出现的关键词和句型，对答案，没有对学生进行系统的翻译训练。对于翻译技巧的讲授缺乏整体的规划，往往有时间就讲，没时间就不讲，随意性很强。针对上述各种情况，教师首先要明确翻译教学是英语整体教学中一个必不可少的重要组成部分；其次要确立将翻译作为语言基本技能来教的指导思想，把翻译知识和技巧的传授融入精读课文的教学中去；最后有意识地培养学生的翻译能力，从而促进学生其他能力的提高。

五、翻译课堂教学的主要策略

在了解翻译教学内容、明确翻译教学目标、遵循翻译教学原则的基础性上采用一定的教学策略，可以有效提高学生的翻译能力以及教学效果。下面我们主要介绍以下四种翻译课堂教学策略。

（一）图式策略

图式是人类大脑记忆中相对独立的知识片段，通过激活片段的具体过程，对语言进行深层次理解。自人类诞生之时起，便开始在与外部世界互动的过程中逐渐认知周遭事物，并在大脑中形成多种不同的认知模式。当这些不同的认知结构通过一定的方式联系起来时，便形成一个整体的认知框架——图式。因此，我们可以把图式看作一种思维方式，也可以说图式就是一个认知结构或知识结构体系。这种认知模式在不同的环境和情境中形成一套有序的知识框架，当这些知识被储存于大脑中时，就构成图式。图式作为人类认知外部世界的一种组织形式，是人类理解与认知周围事物的重要基石。任何一种语言都包含丰富深刻的内容，这些内容通过各种符号表现出来，因此也存在于语言之中，这就是语言所具有的图式功能。当我们面对新的信息时，若大脑未能形成相应的图式，这将对我们的理解产生不利的影响。因此，将“图式”这一概念以一种独特的方式引入翻译教学中是不可或缺的，这样不仅能够将学生和文本相关的图式充分激发出来，还能够使他们对原文有更加准确的认识和理解。图式也可用于指导翻译实践，即通过建立起相应的图式来提高译文质量，教师在具体的翻译过程中需要为学生提供一些需要激活图式才能确保正确理解的语言素材，并要求学生按照这些素材进行一系列的翻译操作。这种教学方法能够有效地促进学生英语阅读能力的培养，提高其理解能力。值得一提的是，教师应当协助学生掌握语言的形态和功能，激发相关图式的活力，从而协助他们调整与丰富对事物的认知方式。

（二）推理策略

推理其实是从已知或者假设的事实中推导出结论，作为一种相对独立的认知活动参与许多其他的认知活动。推理是一种创造性的思维过程，其结果对语言和文化有着重要影响。在翻译过程中，由于原文与译文存在着一定的差异，因此也就有可能发生一些不同程度的推理。在翻译过程中，人们经常会运用已有的知识和经验，进行一系列推理并且为读者提供额外信息，将文本中的所有内容联系起来，从而使每个句子得到充分的理解。如果能掌握一定的推理技巧，就能够帮助译文读者更好地把握原文的意思和思想，提高译文的可读性。所以，教师在翻译教学的时候应当有意识地向学生传授一些常见的推理技巧，如运用逻辑词进行推理、根据作者的暗示进行推理等，以促进、培养和提升学生在推理方面的能力。

（三）语境策略

语境主要指的是语言环境，它涵盖语言的宏观和微观两个层面。在宏观语境中，话题、场合和对象等因素的存在，使得意义的表达变得更加固定、更加明确以及更加确切化。微观语境是指词汇的语义组合与含义搭配，它将意义定位在特定的义项上，从而形成一种独特的语义关联。语境对理解句子起着重要作用，在翻译的时候这两种言语环境都要考虑到。因为只有两者结合才能确定话语的含义。同时，译者不仅要依据自己的语言知识获取句子的意义，还要根据原文语境中的各类信息进行推理、思辨，获取原文作者想要表达的深层意图，通过进一步确认相应的译文，以确保原文意思得到精准表达。在翻译过程中，语境扮演着至关重要的角色，因为只有在具体的语境中进行词语的选择、语义的理解以及篇章结构的确定，才能确保翻译正确。因此，在具体的教学过程中，教师要引导学生在理解原文的同时紧扣语境，反复推敲，以达到准确、传神地传达原文意义的目的。

（四）技巧策略

教师在翻译教学中不仅要采取有效的教学策略，还要在翻译技巧上给予学生相应的指导。在这里，我们主要讨论英语翻译技巧。

1. 直译

所谓直译，就是在不引起错误联想和误解的情况下，在符合译文语言规范的基础上直接进行翻译的一种方法。这一方法不仅能保持原文的形式，还原原文的内容，而且能很好地展现原文的形象和地方色彩。

2. 意译

中西方存在一定的文化差异，这些差异反映在思维习惯和语言表达上，造成翻译过程中有时很难保留原文的文化特色和具体形象。在这种情况下，译者可借助意译，以准确表达原文含义。可在以下三种情况下使用意译：第一，英汉两种语言中有些表达形式虽然相似，但意义不同，如果直译容易造成误解，宜采用意译。第二，原文表达具有鲜明的民族和地方色彩，其具体形象或含义无法为译入语读者所理解，则宜采用意译，如习语、成语及典故的翻译。第三，套译也可视为意译的一种，英汉两种语言用不同的形式表达相同或相近的含义时，可以按照译入语的表达习惯进行套用或套译，以便于译文读者接受。

3. 直译与意译结合

有时单独采用直译译文会很生硬，单独采用意译会丢失原文的特点，此时就可以采用直译与意译相结合的方法。实际上，直译和意译总是同时出现在译文中，其目的是更好地表达原文的思想和风格。

4. 音译

所谓音译就是用发音相同或相近的目的语词语翻译源语词语。音译法在翻译过程中起到的作用是举足轻重的。

5. 增译

所谓增译法，就是在翻译时按照意义、修辞或句法上的需要，为了使译文与原文在语法、语言形式等方面保持一致，需要在原文的基础上添加必要的单词、词组、分句或完整句，以实现译文在内容、形式等方面的对等，从而将原文的思想内容更加精准、忠实地表达出来。

6. 省译

省译是指原文中有些词在译文中省略，不必译出，也就是删除一些可有可无的，或者有了反而显得累赘的词。

7. 正译

由于语言习惯的差异，英语和汉语在表达否定意义时在形式上存在着一定的差异，因此翻译时有必要采用正译法。所谓正译，是指将原文中形式是否定，但内容却有强烈的肯定含义的词或短语译成肯定句。

8. 反译

英语中有不少词或短语，形式是肯定的，但却暗含否定的意思，此时就可以采用反译法将原文译为否定句。

9. 分译

所谓分译法，就是将原文的一个单词译成一个分句或简单句。通常动词、形容词、名词以及短语等可以从原文中提出，译成一个分句或单句。

10. 释义

当译入语中无法找到与原文相对应的词语，而运用其他译法又无效时，便可以采用这种释义方法进行翻译。所谓释义，就是对原文进行恰当的阐述。采用这种方法进行翻译时要注意，释义要准确，译文行文要简洁。

11. 英汉同义

在英汉两种语言中，有些谚语无论在意义、形象还是风格上都比较相似，此时可采用英汉同义这种方法进行翻译。译者需要具备深厚的文学功底，熟练掌握一定数量的中、英文谚语，并可以对这些谚语进行娴熟的运用，方可达到准确理解原文意思的目的。

12. 套译

套译是指在不同的文化背景下，人们用不同的形象来表达相同或相似的比喻意义。但是套译法的使用比较有限，只有在对英汉习语十分了解的情况下，才能灵活自如地运用。

第四章　信息化背景下的大学英语教学研究

本章内容为信息化背景下的大学英语教学研究，主要包括信息技术与大学英语教学的融合、信息时代大学英语教学实践探索、网络环境与大学英语教学以及现代教育技术与多媒体英语教学这几部分内容。

第一节　信息技术与大学英语教学的融合

一、各派英语教学法的信息化适用性

（一）语法翻译法、直接法和听说法

在不同的历史时期，这三个流派都扮演着至关重要的角色。在中世纪欧洲人学习希腊文和拉丁文时，语法翻译法是一种被广泛采用的教学方法，其核心理念是以语法为基础，同时将阅读作为主要目标，严格遵循语法大纲，采用“语法讲解—翻译练习”的课堂教学模式，这种教学法注重词汇知识传授而忽视对学生综合能力的培养。在19世纪中期，随着直接法的兴起，口语逐渐受到一定的重视，强调在教学中建立语言与真实世界之间的联系，并将英语和实物、图片等相结合，成为课堂教学的重要组成部分。在20世纪40年代，美国掀起了一股听说法的浪潮，听说法提倡学生用自己的话表达想法，通过模仿或讨论进行思考。基于结构主义语言学与行为主义心理学的理论基础，将口语能力提升作为主要目标，并且将句型分级列表作为教学大纲，采用“句型—重复操练”的课堂教学模式，以达到听说法的目的。

语法、翻译以及句型在英语的授课过程中，始终是教学内容不容忽视的组成部分，讲解、练习等教学方式仍然具有显著的有效性。随着教育技术的发展，“翻转课堂”“互联网＋英语”等新概念被提出来，在一定程度上打破了时间和空间

的限制，为讲解、练习以及操练提供了更为便捷的媒介，同时也提供了丰富的多媒体资源，便于人们在语言与现实世界之间建立直接的联系。在现如今流行的微课、线上词汇语法练习以及线上口语操练中，依旧可以找到上述教学方法的“痕迹”，并且其正逐渐向着信息化的方向发展。

（二）交际法和任务型教学法

在 20 世纪 70 年代，以海姆斯的交际能力理论以及韩礼德（Michael Alexander Kirkwood Halliday）的功能主义语言学为基础，交际教学法得到了快速的推广和发展。通过建立教学资源库，教师可以方便地将自己制作的教学软件和多媒体课件及时下载至网络平台上，以便进行网上备课、上课、布置作业等教学活动。传统的语法大纲已被交际教学法所抛弃，转而采用“功能—意念”大纲进行教学，这是一种以学习者为中心的教学方法，强调在特定情景下使用英语进行实际交流。在交际教学中，强调真实有意义的交际学习语言，注重语言的流畅性以及错误的容纳性。交际教学以其独特的优势得到广大教师和学者们的认同，成为外语教学界最流行的教学方法之一。随着 20 世纪 80 年代的到来，交际教学法逐渐分化为两方面，分别是弱势交际法与强势交际法，两者之间呈现出明显的差异性。弱势交际法将交际活动视为一种教学方法，在一定程度上强调了语法等语言知识的不可或缺性。强势交际法是把课堂上学生对所学语言材料进行分析加工的能力看作重要因素，提倡教师引导学生运用各种方式去理解这些信息，从而达到更好的教学效果。在强势交际法中，语法知识被视为一种自然的习得内容，因此其反对有意识地学习。两种方法各有所长也都有其局限性，因此，如何根据不同情况选择适当的教学方法成为外语教学研究的焦点问题之一。

任务型教学法源于强势交际法，主张学习者的语法构建是无意识的过程，通过创造合适的条件让学习者更加专注于意义、言语（说）或行动（做），从而最大限度地促进这一过程。它强调学习者的自主探索，主张让学生成为课堂的主人。在 20 世纪 90 年代，任务型教学法得到了全面推广和普及，它把语言作为认知工具来看待，强调培养学生对真实生活情境进行处理的能力，实现了从被动接受到主动探究的转变。在任务型教学法中，任务是一种以真实世界为基础，以塑造语言意义为核心的活动，分为“真实世界任务”和“教学任务”两类。魏永红总结了任务的三个特征：一是重视沟通信息，解决问题，不强调语言形式；二是强调任务具有真实性，不是“假交际”；三是评价重点在于任务的完成度。[①]

综上所述，无论是在交际法还是在任务型教学法中，均强调以学生为中心，重点关注在做或者实践中学习，强调真实有意义的交际活动。

二、英语教学与信息技术的融合

在英语教学中，任务教学法和项目教学法（主要指的是学习过程以特定的学习项目为中心，充分利用学习资源，通过实践体验、内化吸收以及探索创新的方式，获得更加全面、系统的具体知识，从而最终形成专业技能并获得进一步发展的学习机会）是具有信息技术优势的教学方式。在教学方法中，真实的文本构成了教学的重要素材，真实有意义的交际以及“在做中学”则是教学的关键性方式，学生的语言知识学习、评估和测试需要在课下完成。随着信息技术发展带来的教育变革，翻转课堂、微课等教学方式被引入课堂教学，这为信息技术的融合开辟了一条新的道路。因此，将现代信息技术引入大学英语课堂中已经成为一种趋势。例如，2017 年，中国民航大学在信息技术的支持下，通过采用项目教学法为主、多种教学法相结合的教学模式，对大学英语教学进行了全面重构，并获得了显著的教学成果。根据高等教育出版社《新大学英语》系列教材，为每个单元的教学内容专门设计一个跨越整个单元的大型项目与多个针对具体知识和技能的小型项目。每个任务后配有相应的活动内容，并通过教师引导学生完成该任务来巩固所学的知识点，从而提高学习者运用语言进行交际的能力。

在单元小项目中，注重对教材内容的深度挖掘，以培养学生的知识与技能为核心目标；大项目不仅与单元主题紧密相关，而且还能够应用小型项目中的知识与技能。以英语阅读能力培养为导向，构建“学习—体验—交流”三位一体的阅读教学模式，实现在课内完成阅读材料选择及文本理解等基础上进行有效阅读。该教学模式以一种巧妙的方式将时间跨度较短的课堂任务与较长的课外项目有机融合在一起，注重真实性和交际性，采用了任务型教学法与项目式教学法的教学设计，重点强调语言聚焦，涵盖语法翻译法以及听说法的要素。该模式既符合现代教育技术发展对英语教师提出的新要求，又能满足学习者个性化需求，并且融合了后方法时代的英语教学实践理论，呈现出一种高度综合、灵活多变的特点。

① 魏永红 . 外语任务型教学研究 [D]. 上海：华东师范大学，2003.

在推进教学法改革的同时，也促进了英语教学的数字化转型，推广了线上学习和测试平台，构建一个智能化的教室，其中包含多屏显示系统、可移动桌椅和分组投屏系统。英语教学的信息化建设实践和教学改革需要信息技术在多个方面提供有力支持，具体如下。

第一，扩展交际渠道与媒介，建构具有真实性的任务。信息技术与新媒体的广泛应用，为交际提供了更加多元化的媒介，从而拓展了交际活动的形式、对象和内容，进而提升了交际的真实性。教师则通过对学生发言的分析和总结，了解每个同学的意见或看法，并将这些信息及时反馈给其他同学。例如，有序策划和组织"新闻评论区"活动，让学生分组并且设计新闻报纸，完成后将其提交至网络平台，接着其他学生跨越班级，在评论区发表相关评论与建议。此种新型的评价与反馈方式，不仅能够增强反馈的实时性，而且可以有效提升互动真实性；在"推文设计"项目中，学生以小组为单位，以特定话题为中心，设计微信推文。教师在评价过程中对各组终稿进行修改，并从中挑选出优秀的推文，将其刊登在学院的英语学习公众号上。在反馈环节，教师对最终发布的文章进行点评，帮助学生更好地理解自己所做的工作。该项目的实施旨在提升学生的协作能力和新媒体编辑技能，以任务型教学法为导向，采用真实任务的基本原则，以解决问题为目标。

第二，为了提升沉浸式的感受，选择真实的素材。随着信息技术的不断发展，教师可以更加轻松地获取真实的文本、音频以及视频素材，以便帮助学生在沉浸式的学习体验中逐步培养在文化方面的意识，同时使他们的学习动机得到进一步提升。

第三，提供在线课程或者学习资源，以激发学生自主探究和学习的热情。教师在教学中不管是采用交际教学法、任务型教学还是项目式教学，因为交际和任务在有限的课堂时间中占据了大量的时间，所以学生需要在课下通过自主学习的方式努力完成语言知识的聚焦与输入。也正是因为如此，教师在实际教学中应当为学生提供自主学习的珍贵机会，包括但不限于录制课程、制作微课和提供实践练习等。在线课程提供的是传统教学中课上所讲授的语言知识与任务、项目需要的支撑知识，主要涵盖课文结构的梳理、语言点的讲解等方面。线上练习通常采用"U 校园"与"Utalk"的在线课程，进行口语练习、词汇与语法训练，以提升学生的口语表达能力。自主学习在信息技术的支持下，得以获得资源平台、传播媒介以及监控方法的全方位支持。

第二节　信息时代大学英语教学实践探索

一、重视培养学生语言应用能力

（一）大学英语教学中的问题探讨

1. 教学缺乏规范性，管理机制尚未健全

目前高校大学英语教改尚处于试点阶段，还没有建立起完全适用于新形势下网络教学的大学英语教学大纲，一些课程的教学目标、教学内容、教学进度、考核评估方式等教学指导管理性文件还有许多不完备之处，还缺乏科学性和规范性。

2. 教师在大班教学中过于依赖多媒体课件

在大班教学中，教师采用了与课本配套的多媒体教学课件进行教学。在新学期之初，学生被这一全新的教学方式和多媒体课件中精彩的画面和视频文件所吸引，课堂教学气氛比较活跃。但随着时间的推移，大班英语教学逐步暴露出一些不足之处，教师过于依赖多媒体课件，在教学中相对较少加入自己的观点和看法，甚至对于课件中一些过时的或不太合适的例句不做任何改动，久而久之，学生会逐渐对这种方式产生厌倦感。

3. 多媒体网络教学的优势没能在教学中得到充分发挥

虽然高校都会为学生安排网络自主学习时间，并且安排教师跟班指导，但学生网络学习的效果并不尽如人意。很多学生不能根据他们的实际学习需求进行学习，教师也不能完全适应这种新的教学方式。

4. 有限的多媒体教学资源限制了教学的良性发展

目前我们所拥有的网络教学资源十分有限，主要有高等教育出版社提供的大学体验英语教学平台和英语教学与研究出版社提供的新视野大学英语网络教学平台，这两个教学平台都是依托校园网而建立的。住在校外的教师要实现对学生网络学习的管理和监督，添加辅助教学内容或通过网络平台进行教学，就必须利用课余时间到学校来完成，这无形中增加了教师的工作负担，也给学生网络自主学习带来一定的困难。

（二）深化个性化教学与自主学习模式

1. 采用新的教学模式

在采用大班教学之后，每位教师可以担任 6 个教学班的教学任务，但每一周的总课时数却减少为 15 个学时。

2. 制订符合实际的教学改革方案

在教学改革的组织和管理上，成立大学英语教学改革试点工作领导小组，统一协调、配置教学资源。按照《大学英语课程教学要求》，确立新的教学评价模式，把学生的测评分为形成性评估和终结性评估两类。

3. 加大教师培训力度

组织教师认真学习、深刻理解《大学英语课程教学要求》的各项内容，听取教学改革项目负责人介绍教改情况，并就我们在前期教改中遇到的问题以及所积累的一些经验与同行们进行交流。

购置相关书籍，订阅教育教学杂志供广大教师学习使用；组织教师进行教学研讨，组织公开教学，以此来增进教师间的相互交流，提高业务素质。

4. 培养自主学习的能力

加强教学改革推广宣传，首先培训教师，使教师充分了解相关网络教学理念；其次利用多媒体课件进行宣传，介绍网络教学的目的、内容、具体学习方法以及《大学英语课程教学要求》的主要内容。

加大对教师和学生网络学习平台的监管力度。由课题组指派一名管理员定期检查并在课题组内通报教师网络平台管理情况，协助任课教师上传教学内容，监督学生学习，管理相关教学文件。由于技术条件所限，目前这些教学资源形式相对简单，有的甚至还只是简单的文本文档，但在丰富教学内容方面确实起到了一定的作用，在一定程度上受到了学生的欢迎。

5. 拓宽网络学习渠道

由于现有的网络平台是基于校园网基础上的网络平台，离开校园网网络环境，教师和学生都不能登录大学英语网络平台进行自主学习和沟通。针对这一问题，在制订这一阶段教改计划时，课题组提出建立公共邮箱、拓展学习空间，这样即使在校外，只要能上网就能实现教师和教师以及教师与学生之间的实时交流。

二、英语网络教学体系的构建

（一）高校大学英语教学现状

经过几年的教学改革尝试，各校已经积累了很多成功经验，确立了大学英语网络辅助教学模式，将课堂教学与网络自主学习有机结合在一起，极大地推动了大学英语教学改革的良性发展。然而，大部分大学英语教学改革方案中，在具体的教学过程中，主要采用“学生总评成绩 = 平时成绩 + 期中成绩 + 网络自主学习成绩 + 期末考试卷面成绩”的方法来去确定学生的最终学业成绩。但对于平时成绩和网络自主学习成绩的确定却没有一个统一的标准，教师一般都是按照自己教学的实际情况来确定各项成绩的最终分数，这对学生成绩评定的公平性有一定影响。

（二）网络教学评价体系的设计

1. 构建评价体系的准备阶段

在准备阶段，评价结果的质量将直接受到工作质量的影响，因此在实施评价之前必须做好充分的准备工作，收集和学习网络教学评价的相关理论。在此阶段，系统性地研究网络学习的特征、网络学习评价的基本理论、基于网络的建构主义学习环境的相关理论、教学评价指标体系相关理论和网络教学评价体系的特点和原则等相关理论。在研究中主要采用问卷调查法、访谈和跟踪调查等方法以及其他量化统计方法。

2. 课题研究阶段

（1）对教师的评价

①对教师教学过程的评价。对教师教学过程的评价是一个主客观评价相结合的过程。其中一些要素是可量化的，可以通过一些数据显示出来，这一部分评价很容易实现。但另一些要素则必须经历一个非量化评价的过程，究竟哪些要素可以成为评价指标在很大程度上决定着评价的有效性。

②对教师教学内容的评价。按照《大学英语课程教学要求》中对网络多媒体

教学的界定，网络多媒体教学将对大学英语教学起到辅助作用，是课堂教学的补充。

③教师运用多媒体网络技术的能力的相关评价。网络教学对教师教学能力和教学技术使用能力提出了很高的要求。在教学中，教师发现问题、分析问题和解决问题的过程能够帮助教师不断提高研究能力和研究水平。

（2）对学生的评价

①对学习者自身的评价。对于学生的自我评价实际上是对其学习水平、学习背景等方面进行个性化评价。目前，国内学者对网络环境下学习者的个性化因素进行了较多的探讨，研究表明网络学习者的学习方式、积极性等方面均受到个性因素的一定影响，这些因素相互作用，共同塑造了学习者的个性特征。

②对学习成绩的评价。对学生进行学习成绩评价，有助于进一步激发他们在线学习英语的热情，并帮助他们更好地进行自我评价。网络学习的过程是一个动态的过程，它能更真实地反映出学习者学习的真实过程。通过对网络学习过程的评价，评价者可以很清晰地了解到学习者的学习态度、学习自主性以及他们掌握知识的程度。

③对学生能力的评价。高校英语教学目标在于全面培养与提升学生在英语综合方面的灵活应用能力，尤其是听说的能力，以使他们能够在未来的工作与实际社会交往的过程当中，用英语进行口头与书面信息的有效交流，从而与我国经济发展与国际交流的不同需求相符合。而常规的考试根本无法将知识和能力的测试内容区分开，只能将测试大体分为学业水平测试和能力测试两种。这种情况下，较难准确测试出学生的真实能力，大学英语教学目标中提出的培养能力就形同虚设了。

（3）对网络学习平台的评价

①内容评价。主要是对网络平台上学习资源的评价。评价学习资源可以从网络平台上提供的学习资源的数量、质量、资源的更新速度、学习资源的权威性以及是否涉及版权问题等方面来进行评价。

②技术评价。对网络学习平台模块设计的合理性和功能性的评价。模块设计的合理性应从模块设置、模块便捷性、可操作性、网络平台版面设计、色彩搭配等是否具有新颖性和个性等方面来判断。

③效用评价。主要是对交互性和使用效果的评价。

三、信息时代大学英语网络学习及教学实践探索

（一）大学英语教学和网络自主学习的现状

1. 大学英语教学现状

第一，由于学生人数众多，教师在一定程度上面临着巨大的工作压力。对于所有肩负大班教学任务的教师而言，怎样有效促进教师和学生之间的互动、交流以及配合，怎样充分激发学生对课堂教学的浓厚兴趣，是极具挑战性的任务。第二，由于学生来源的多样性、学习基础的差异性以及学习动机的多样性，导致教学难度与进度难以很好地协调，同时对学生个体的关注不足，因此因材施教的实施变得更加困难。第三，英语教师的工作负荷普遍较大，部分教师缺乏多样化的教学方法，导致教学效率并不高，课堂氛围单调、无趣、沉闷，在一定程度上抑制了教师教学的热情、积极性和主动性。

2. 网络自主学习现状

网络自主学习指的是在网络环境下，学生可以在教师的指导下，借助学习支持服务系统，对自身的元认知和动机进行自主的灵活调整，明确学习目标的同时，选择适合自己的学习内容，并且通过交互方式对学习过程进行积极探索，以真正实现有意义知识建构的学习方式。近年来，我国高校普遍开展了大学生网上学习活动，为了满足课程要求，众多高校先后设立了网络自主学习中心，致力于培养和提升学生在网络环境下自主学习的能力。网络自主学习已经成为一种新的教学形式。

（二）基于微信平台的大学英语翻转教学模式

大学英语作为一门语言类课程，其学习的核心在于知识的大量积累与灵活应用，然而由于知识内化的复杂性，课堂时间无法充分满足学生掌握与灵活运用所学知识的不同需求。随着信息时代的到来，微课这种在线视频课程应运而生，它是在新媒体的支持下，专门为教学知识点设计录制的。微课教学是一种以问题为导向、注重过程体验的教学模式，将信息技术与学科教学深度融合，能有效提高课堂教学效率。微课课程虽然资源容量不大，但其简明扼要、主题鲜明，令人印象深刻。所以，基于现代部分“低头族”大学生对智能手机的依赖、微信平台的广泛适用性以及便捷性等特征，大学英语教学能够通过微信平台开展微课翻转教学，具体实施过程包括课前、课中和课后三个阶段。

课前，为确保课堂教学的核心内容与关键表达形式得到充分呈现，教师必须在课前对教材进行深入研读，对教学重难点进行研判，确定教学目标的同时，对微课内容进行合理规划与精心制作，其中包括教学目标、教学重难点的阐释、主要知识点的讲解和运用等方面。借助微信平台的公众号或者微信群，教师向学生推送微课及音频、视频等相关教学资源，以促进学生的自主学习、合作与协作学习。教师与学生共同设计微课表，在课堂上进行同步展示和互动交流。在课前，教师提倡学生积极参与微课的学习，并提供必要的正确指导和一系列的答疑服务，以确保学生的学习效果和知识储备。教师在课堂上根据需要进行微课导学时，要关注学生的反馈意见，及时调整自己的教学方法，以提高教学效果。因为微课制作过程的复杂性和烦琐性，大学英语教师能够对其资源优势进行淋漓尽致地灵活利用，并且根据每个学期的课时单元进行科学、合理分配，每一位教师负责一个单元的微课制作，完成后借助微信平台实现教育资源共享。

课中，教师在课堂教学过程中用基于微课和相关教学资源的推送，实施翻转教学方法，对学生知识点的内化进行重点强调，以提高学生的知识理解与语言综合应用能力为教学目标，同时设置难易程度不同的（从易到难）教学问题与教学任务，促进学生在探究学习、协作学习以及思辨方面的能力提升。课后教师可通过微视频或作业等方式巩固课堂教学效果，并及时反馈学习效果。教学过程分为三个阶段，每个阶段都有其特点和要求。首先，解答疑惑，解决难题。在微课学习过程中，教师通过微信反馈及时了解学生在学习过程中遇到的疑点与难点，并在课堂上进行集中讲解和深入分析，同时对核心知识进行实例分析。对微课中设定的教学任务完成情况进行随机抽查，并提供相应的正确解答与科学指导，以促进学生的学习。此外，及时总结微课时段知识点的掌握程度以及存在的不足，及时改进，为下一步实施翻转课堂教学模式做好铺垫。其次，检测输入。教师将微课录制后发给每个学习者，要求其自主观看，同时教师对微课学习情况进行实时监测并提出问题，按照难度递增的顺序进行。通过这种方式了解学习者对微课中所呈现知识的掌握情况，为下一步进行有针对性的引导提供依据。最后，语言输出。在课堂上，通过多种方式呈现文本信息，引导学生自主完成语言表达，包括朗读、书写等形式，其中在语言输出中，书面表达和口语表达是两个不可或缺的方面，它们的重要性不言而喻。因此，教师应在布置作业时注意培养学生运用语言的能力，让他们学会使用恰当的语言表达自己的思想。教师在课堂上开展教学的时候按照授课的重点，设定相应的任务。

课后，学生对微信平台进行灵活运用，对所学知识进行及时检测、巩固与扩展，以进一步提升学习效果。在微信平台上，教师能够针对教学内容提供微测试或者其他相关测试链接，学生参与测试并提交答案，这一措施的重点在于对学生知识的实际掌握情况与灵活应用能力进行全方位考查。教师积极鼓励学生在微信平台上主动参与多项活动，如口语交流、反思学习等，以提升他们在语言表达方面的能力以及学术水平。课后还可以开展微课制作活动，利用手机或平板电脑录制英语课堂内容。借助微信平台，一方面教师可以将教学资料及时推送和分享给学生，如教学课件、写作范文等，以鼓励学生复习和巩固已经学到的知识。另一方面，学生也可借助微课程实现在线自主学习。由此可见，借助微信平台所提供的丰富学习资源，教师和学生可以充分发挥其潜力，促进优质教学资源的共享和推广。教师通过微信平台能够发布和教学内容相关的知识链接，向学生推荐英语原声读物、英语诗歌鉴赏等，从而使学生的学习素材变得更加丰富，让他们的学习内容得到进一步拓展的同时，也充分满足其多样化的个性需求。

众所周知，微信平台是信息时代的产物之一，以其经济实惠、功能强大等特点，深受现代大学生的喜爱，为学习与移动微学习奠定了坚实的基础。微信平台具有强大的传播力、影响力和渗透力，通过微信平台的聊天、语音等功能，可以实现教师和学生之间的资源共享以及实时沟通。其为广大教师和学生提供了一个协作互助的平台，同时也创造了无压力的良好语言环境和氛围，深化和扩展了教学的主题与内容，进一步强化了知识应用，同时也使师生能够及时地获取所需信息，从而有效促进教与学的双边活动，激发学生的求知欲和好奇心。微信平台的应用为平日里开口羞怯的学生提供了一条新的沟通途径，有效缓解了部分学生的学习焦虑和紧张情绪，为他们打开了全新的学习空间。微信平台具有交互性好、信息发布及时快捷、更新内容丰富多样、传播范围广、用户群体众多等优势，教师在教学过程当中通过微信平台答疑解惑，有效地消除教学中的盲点，使教学效率得到提升的同时，也有效加强了师生、生生之间的互动交流与沟通，进而扩大了教师和学生之间交流频度与交流广度。通过微信平台对英语知识点进行讲解与复习以及课堂提问，使课堂教学更有针对性，有利于提升教学效果。除此之外，通过微信平台开展大学英语教学，学生可以将零散的学习时间转化为有机的整体，从而在碎片化时间内进行更加高效的移动学习，使学习效率得到大幅度提升。

第三节　网络环境与大学英语教学

一、网络环境下的大学英语教学模式

（一）大学英语网络教学模式的定义

在分析英语网络教学模式的定义之前，我们先对教学模式以及网络教学模式的定义进行分析。英语网络教学模式主要指的是在一定的教学思想与理论指导下，以计算机网络技术为重要支撑，为实现特定的英语教学目标建立的一种相对稳定的教学活动结构框架以及教学方式。

（二）大学英语网络教学模式的构成要素

1. 教学理论

英语网络教学中最主要的理论依据是建构主义理论，建构主义注重以信念、原有经验、心理结构为基础来建构知识。建构主义理论指导下的英语网络教学强调教师是指导和帮助学生学习的引导者和帮助者，不再是知识的灌输者；学生是自身认知结构的构建者，不再是被动的接受者。这些构成英语网络教学模式赖以形成的思想基础。

2. 教学目标

教学目标是指在英语网络教学中，教学活动所要开展的方向以及预期达到的效果。教学目标决定了网络教学模式的构建以及发展方向。

3. 技术环境

技术环境主要包括局域网、互联网、校园网、广域网以及计算机设备等，为英语网络教学提供一定的物质条件。网络教学模式的技术环境主要受到设备自身的性能以及信息传输条件等的制约。

4. 教学策略

教学策略是指在英语网络教学中所开展的过程与方法的总和。教学策略的选择和使用涉及教学模式的稳定运作。教学策略的不同也会对教学模式的操作产生一定的影响。

5. 人机角色关系

人机角色关系中的“人”是指教与学的对象，即教育者和学习者。“机”是指计算机网络设备。英语网络教学中的人机角色关系主要包括两方面：一是指教师与学生之间的关系；二是指教师、学生与计算机网络设备之间的关系。在英语网络教学模式中，不同的师生关系与计算机网络设备终端形成的相互作用关系相互交融，共同构建了特定的英语网络教学模式。

（三）大学英语网络教学模式的特征

网络教学模式不仅涵盖教学模式的普遍特征，还融入网络信息技术的应用特征，形成一种全新的教学模式。网络教育是一种新的教学方式，它以其自身独特优势得到了广泛关注与重视，成为当今国际教育领域中发展最快的领域之一。因为计算机网络信息技术在教学模式上的广泛应用，传统的教学模式在其深入影响下已经发生了根本性的转变。分别站在教师与学生两个层面来看，就前者而言，网络技术的应用为教师提供了技术上的支持，实现了个性化和创造性的教学；就后者而言，网络技术的使用则使学生具有更多自由表达自己观点的机会，促进其个性发展与人格完善，同时网络提供了丰富的学习资源，使学生能够根据个人兴趣和学习状态有目的、自主化地对学习计划进行科学、合理的规划。因此，网络环境下的个性化教学策略通过对学生实施引导式、探究式等策略来培养他们的自学能力和创新精神。在计算机网络技术的支持下，自主规划学习计划、设定学习目标、选择学习内容并对学习成果进行评估，这就是自主学习化。超文本化即通过使用超文本软件将文字、声音、图像等信息有机结合起来，形成新知识的过程。在计算机领域，超文本化作为一种软件系统，用户可以利用该系统实现在文件或者文本之间的高速移动，从而提高信息的可读性和可维护性。网络教育的本质就是利用计算机和网络通信等方法进行教与学的过程，其目的在于提高教学质量。在英语网络教学中，实现超文本化意味着采用多媒体和网络学习等方法，提高教学效果。

（四）大学英语网络教学的主要模式

1. 网络自主学习模式

网络自主学习模式注重个性化教学和自主学习。学生是整个教学的中心，教师只是起到辅助教学的作用。网络自主学习模式主要分为网络自主接受模式和网络自主探究模式。

（1）网络自主接受模式

网络自主接受模式的构成要素是：学生＋学习资源＋学习指导者，其中学习资源是指通过网络传输的，以计算机作为媒介呈现的视频、音频、图像、文本等语言资料，我们将其称为网络课件，这里的学习指导者并不仅指教师，而是教师＋智能导师（计算机）。

（2）网络自主探究模式

在网络自主探究模式中，教师会给学生布置语言任务，如阅读某一文学作品后写感想，或翻译某段指定文本，或观看某一英语原版影片后写影评等。在学生完成任务的过程中，教师还会及时地通过邮件、论坛等网络交流工具与学生进行交流，对学生提出的问题予以解答。

2. 网络任务合作模式

在任务合作模式中，教师的作用比较重要，首先教师要按照学生的语言以及综合能力水平等对学生进行分组，并提供必要的资源索引；其次在学生完成任务的过程中，教师要及时对其出现的问题予以指正，协调小组合作时可能出现的成员矛盾；最后从整体上把控学生完成任务的进度，并在任务完成后开展小组评估工作。

二、网络环境下大学英语教学模式的优势

（一）有利于提供大量的学习资源

网络为学生提供了丰富的学习资源，这些资源的更新速度极快，所以具有高度的时效性和实用性。网络教育是一种新的教学方式，它以其自身独特优势得到广泛关注与重视，成为当今国际教育领域中发展最快的领域之一。在大学英语教学中，学生所掌握的语言必须符合地道、真实以及实用的标准，这是教学过程中

的重中之重，这就要求教师在日常课堂教学中必须充分利用好网络资源来进行课堂英语教学活动。网络教学相较于传统的教学方式，表现出十分明显的优越性，它是一种以计算机为载体的现代化信息传播方式，在一定程度上能够帮助教师突破时空的界限，将课堂内有限的时间和精力集中到教学上来。传统教科书的文化知识内容受限于版面，难以使学生对文化知识积累的需求得到充分满足，快速、广泛覆盖的网络则能够为学生提供更多海量的文化知识，最终使他们在文化素养方面的水平得到全面提升。

（二）有利于培养学生的听说能力

网络教学以其开放性和灵活性为特点，为学生提供了无论何时、何地均能够利用教学资源开展学习的便利，同时无需过多的语言学习材料。随着教育改革的深入推进和信息技术在教育领域中的应用，越来越多的学校开始尝试运用互联网进行英语教学活动。在现代社会中，人们越来越重视对信息的获取，要求获得信息量大、内容新、形式多样化的信息，这就使得多媒体课件应运而生。网络教学资料融合了多种媒介，包括文本、图片、音频和视频等，为学生提供了更加完美的视听体验，同时丰富的语言学习材料和生动有趣的动感信息也为学习增添了趣味。传统的教学资料呈现的是一种静态的文本和图片的融合，缺乏动态的呈现方式。教师通过网络可随时查阅自己想要掌握的知识或最新资讯，提高课堂教学效率，实现师生互动。英语学科的核心目标在于培养学生在听、说、读、写方面的综合能力，网络教学提供的则是以视听为主的教材资源。在英语教学中运用网络资源可以弥补只运用文字和图片的不足，使课堂变得更加生动形象，提高课堂教学效率。所以，相较于其他学科，网络教学在英语学科中的应用，可以更加凸显其卓越性和优越性，并且也在一定程度上为学生在个性方面的发展提供了广阔的舞台。

（三）有利于提供新的师生交流平台

网络教学为教师和学生提供了一个广阔的课下交流平台，拓展了他们之间的互动与交流。学生能够借助论坛向教师或同学留言，或以发帖的方式提出问题或回答他人的疑问。通过平台的通知板块，教师能够为学生提供学习建议、明确学习目标或发布最新作业，以提升学生的学习效果。

（四）有利于培养学生的自主学习能力

传统的英语教学主要是以教师为中心，采用的是灌输式的教学模式，以教师的讲解为主，学生只是被动地接受教师所传授的知识，学生的参与很少。长此以往，教师的语言表达技能得到了充分的训练，却逐步地削减了学生的自主性以及积极性。

网络教学中网络平台的使用合理地解决了这一问题。在网络教学中，学生可以通过操控网络学习平台，不受时间和空间的限制进行自主学习，自主选择课程，自主安排学习进度，并通过人机交流的方式进行语言练习。学生学习语言知识不再仅仅依靠教材和教师，而是通过网络自主学习，在构建自己的知识体系的过程中逐步地提高自身的综合语言水平。

三、网络与大学英语教学整合生态化环境

（一）生态学视角下的英语教学立体化互动模式探究

1.“互动”释义及互动教学的发展

在特定的社会背景和具体环境下，人与人之间所发生的各种形式、性质和程度的互动和影响，被称为“互动”。一方面，它能作为人和人之间交互作用与相互影响的一个具体方式和详细过程；另一方面，它也能够指人们在某一特定的情境当中，借助信息或者行为交换的方式，促使彼此之间的心理和行为发生变化，最终展现出包含多种要素的静态与动态结合的系统。

2. 传统英语教学互动模式的不足

①互动时间有限。

②互动空间狭窄。

③信息传递的途径单一。

（二）教育生态学视域下的现代信息技术与大学英语课程整合状况分析

1. 现代信息技术与英语课程教学整合的内涵及生态意义

在理论层面上，现代信息技术和英语课程教学的整合主要是以生态理念为指导，从整体、联系、动态以及持续的角度审视英语教学系统中各个要素之间的相

互关系，并对课程设置、教学目标等方面进行系统分析与整体协调。从实践角度出发，在英语教学中将信息技术、信息资源、信息方法以及课程内容以一种巧妙的方式有机整合在一起，以协同完成课程教学任务，实现高度整合的教学。因此，它既不同于传统的“教师—学生”型模式，又有别于以学科为中心的传统式课堂教学模式。整合需要将科学的教育思想、理论框架和学习理念作为具体指导，同时还需要建立科学的研究系统、评价体系和调控机制，以确保整合的有效性。

2. 我国现代信息技术与大学英语课程整合的历史与现状

大学英语课程教学改革是我国大学英语教育信息化变革的前沿，是引领潮流的，其指导性文件《大学英语课程教学要求》明确规定了教改目标、原则等，还特别强调了一种基于计算机与课堂的英语教学模式，它既要体现英语学科本身的特点，又要适应社会发展的需求，同时还要考虑学习者的实际情况，使教学更符合学生身心发展规律。这在我国英语教育史上是首次用纲领性文件明确在英语教学中现代信息技术占据的重要地位，并提出了计算机及网络技术与英语课程整合的相关概念，标志着变革的开端。英语教育生态系统的平衡、动态、良性发展，需要建立以“以人为本”的生态化思想为指导的互动动态英语教学环境，通过信息技术和课程教学的双向互动整合，促进教师与学生、学生与学生之间的和谐共进。

3. 维护英语信息化教育生态系统平衡的运行机制

（1）学校生态建设机制

第一，在组织生态层面，学校致力于提升群体生态机能，建立教师职业发展与研究中心，重点关注青年教师在职业成长过程中的不同需求，并建立完善教师培训体系，具体包括职前、职中和职后，以提高教师全面掌握与灵活应用信息技术的能力，实现可持续发展。

第二，在制度生态方面，学校需要通过不同的方式对管理者、教师与学生之间的共生关系进行有效协调，建立由下到上的教学管理机制的同时，积极构建和完善互动评估机制，以进一步推动英语教学系统中生态主体的共同发展。

（2）课堂生态建设机制

第一，课堂生态系统活力机制。构筑一个彰显个性的课堂生态系统，除了需要消解教师的文化权威之外，还应该充分尊重学生之间的个体差异，对学生的个性化需求进行重点关注，师生共同策划并实施多样化的教学活动，认真践行以学生为中心的相关教学理念。

第二，课堂生态系统结构机制。积极构建一个多元互动的教学生态系统。教师在教学过程中应该成为课堂教学活动的组织者与参与者，需要调整师生和生生之间的互动方式，以促进彼此之间的联系和相互影响。教师在教学过程中必须高度重视情感因素的作用，积极创造一种轻松和谐的学习环境和氛围，以尽可能减少学生的焦虑感与紧张感，并且缩短和拉近教师、学生之间的距离，从而实现相互依存和平等共生的生态型学习共同体。

（三）大数据时代的语言生态逻辑

1. 语言生态观

生态学作为一门探究有机体与其周遭环境相互作用的学科，旨在研究有机体之间的相互关系以及有机体与周围环境之间的相互作用。以生态学的角度和方法审视和研究语言系统、语系和语族成员之间的相互关系，以及语言与其所处环境之间的相互作用，通常情况下我们将其称为“语言生态观”。在人类社会中存在着各种各样的生态系统，不同种类的生态系统有着各自独特的生存方式和发展规律，因此也就形成各种不同类型的语言学家。语言生态研究跨越了语言学和生态学两个学科领域，呈现出跨学科的交叉性质与属性。

2. 大数据时代语言生态研究的机遇与挑战

（1）树立“羊狼共舞”的生态观

随着时代的发展，我们已经处于大数据时代，秉持着“羊狼共舞”的生态观，能够借助各种先进的技术方法实时调查与全面研究语言生态，以动态的方式对地区和全球的语言生态进行考察，全面掌握和了解人类语言的结构与功能的变化，从而为政府和教育机构制定、实施语言政策和开展教育提供更加科学的依据。

（2）大数据时代语言生态研究面临的挑战

在大数据时代，语言生态研究所面临的挑战在于如何培养具备数据技术能力的优秀人才。当前，我国大数据教育存在着对人才培养目标定位不明确、课程设置不合理等问题。在大数据时代，具备大数据意识以及掌握大数据技术和大数据方法的人才是必不可少的。现如今，我国大学在这三个方面的教学都存在一定的不足，不能满足大数据时代对人才培养的要求。在培养大数据技术人才的过程中，除了树立大数据理念外，还需要注重培养和提升数据采集、分辨、精算等方面的能力。大数据时代背景下的语言生态环境也发生了一定的变化，包括语域环境的变化、社会文化语境的改变以及网络信息传播模式的变革等。在大数据时代，对于语言生态的研究，技术性在很大程度上依赖语言数据的采集和处理，在一定程度上忽略了语言的社会性与生物性。

第四节　现代教育技术与多媒体英语教学

一、现代教育技术辅助英语教学理论

（一）学习理论

1. 行为主义学习理论

①学习是一种将刺激和反应（S-R）相互关联的过程，是反应概率的变化。

②学习之路应当是缓步前行、自我调整步伐、积极应对、及时加强的。成功的学习离不开强化的支撑。

2. 认知主义学习理论

（1）皮亚杰的认知结构学说

瑞士的心理学家让·皮亚杰（Jean Piaget）提出了一种“认知结构学说”，他认为人的认识过程实际上是从外部刺激开始的，经过感知、记忆和表象三个阶段，最后形成一个完整的知识体系。为了阐述这种内在的心理结构是如何演变的，他率先引出了图式的概念，在其观点中，图式是一种认知结构，是人们在面对特定情境时所形成的认知结构。[①] 个体为了快速适应周遭环境的变化，积极拓展与完善自身的认知结构，形成一系列的图式。随着同化元素的影响，同化性结构发生了变化，当有机体无法利用原有图式来接受与解释新的刺激情境时，有机体会及时调整自身图式，以便与新情境相适应。

（2）奥苏贝尔的意义学习理论

奥苏贝尔的意义学习理论旨在直接解决学校知识教学问题，其理论内涵同时

① 皮亚杰．发生认识论原理 [M]. 王宪钿，译．北京：商务印书馆，1981.

涉及学习、教学、课程三个方面的问题。因此，一般认为奥苏贝尔的学习理论是最接近教育心理学的学习理论。

3. 人本主义学习理论

人本主义学习理论在 20 世纪 60 年代开始盛行，其主要观点如下。

第一，学习是一种塑造和丰满人性的过程，其根本目和宗旨的在于实现个体的内在价值，即自我实现。

第二，人类天生具有求知欲，对周遭的世界充满了探究的渴望。教师的基本职责是为学生提供自主学习的机会，以满足他们对于知识的好奇心和探索欲望。

第三，学生作为学习过程中的中心与重要主体，应当得到充分的尊重。只有当学生获得应有的尊重和认可，他们才可以真正实现对自我价值目标的追求。

（二）教学理论

1. 赞科夫的发展教学理论

赞科夫是苏联心理学家、教育学家、教育科学院院士。他主张用最好教学效果推动学习者的一般发展，同时将其作为教学目标，以达到最佳的教学效果；唯有教学处于发展前面时，才能真正达到最佳的教学，因此应该将教学目标设定在学习者的“最近发展区”内，以确保教学的高效性和可持续性。①

2. 布鲁纳的结构—发现教学理论

布鲁纳认为，掌握一门学科的基本结构是至关重要的；所有学科均可以用在智力上面才是正确方式，并且将其教授给任何发展阶段的学生；若欲获得优异的学习成果，需要对发现法进行灵活运用。②

3. 巴班斯基的教学最优化理论

方向性、自觉性等是巴班斯基的教学最优化理论的核心原则。为了创造最佳的教学条件、巩固与提高教学效用性，需要最优地结合各种教学方法和形式，以激发学生的积极性和独立性。

4. 加德纳的多元智能理论

人类的思维和认知方式呈现出多元化的特征，包括但不限于多元智能、言语语言智能等。在人类认知与改变世界的过程中，每一种智能都扮演着至关重要的

① 赞科夫 . 和教师的谈话 [M]. 杜殿坤，译 . 北京：教育科学出版社，1980.

② 布鲁纳 . 布鲁纳教育论著选 [M]. 邵瑞珍，译 . 北京：人民教育出版社，1989.

角色。每一位学习者基本都具有上述智能，然而它们的组合方式与发挥程度各不相同。每一位学习者均拥有独特的优势智能，只要教育得当，每一位学习者均有一定的机会成为某一领域的杰出人才，并有可能获得特定领域的专业知识。

（三）视听与传播理论

1. 传播的概念和类型

人际传播是个人与个人之间的信息交流活动，包括面对面地直接传播和以媒体为中介的间接传播。直接传播主要是以语言表达信息，或用表情、肢体语言来强化、补充、修正语言的不足。间接传播是以媒体为中介，如运用电话、电报、电视、书信等进行信息交流。人际传播的目的包括以下两点：第一，沟通。通过交流，不仅能使自己了解别人，也能使别人了解自己，达到相互了解、建立和谐关系的目的；第二，调节。在信息传播中，借助认识和了解他人对自身的各种反应，对自身的行为与生活态度进行及时的灵活调整，以符合与满足社会的不同需求。

教育传播是教育者与受教育者之间进行信息交流的一种活动，通过精心挑选的信息内容和有效的媒介渠道，将知识、技能等传递给特定的教育对象。组织传播是一项旨在促进组织内部成员之间、组织与组织之间信息交流的活动，旨在提高信息传递的效率和质量。组织主要是由一群相互关联的个体所构成的，每个个体都属于一个特定、具有组织性质的实体。大众传播是一项由传媒专业人员编制内容的活动，旨在通过各种媒介向广泛受众传递信息。

2. 传播模式

传播学者对传播过程进行研究的时候，通常将其分解为多个要素，并以一定的方式探究要素与要素之间的相互联系和作用，从而形成了具有多样性的传播过程模式。

二、现代教育技术与现代英语教学

（一）现代教育技术在现代英语教学中的历史与发展趋势

1. 现代教育技术在现代英语教学中的发展简况

就我国教育技术使用的国情而言，在高等学校使用最多的还是语言实验室。

这些语言实验室组合了多种媒体，形成语言学习系统和语言教学系统。这类语言实验室成了中国英语教学最实用、最常见的教育媒体。目前对语言实验室的分类还很难统一。从信息传播的角度来看，语言实验室的类型有综合电化教室、多媒体演播室、多媒体 CAI 教室、AACV 型语言实验室、闭路电视教学系统、视听阅览室和多媒体阅览室；按照信息流的形式进行区分，语言实验室可被划分为两种不同的类型，即数字语言实验室与模拟语言实验室。其中，前者采用基于网络交换的技术，将待传输的信号成功转化为数字信号，并通过标准的网络协议传输至学生终端，以实现语音信号的数字化传输。后者虽然在英语教学过程当中发挥了不容忽视的作用，但由于其内在的局限性，数字化语音室这种全新的语言实验室必将取代其地位。目前，国内使用的主要是数字语音实验室，其以先进的计算机及通信技术作为核心设备，实现了信息交流方式的多样化。

英语教学离不开外文信息资料的获取，卫星接收设备必不可少。作为传统的接收方法，卫星接收广泛应用于英语院校，通过传统的终端录制设备把节目接收下来，进行编辑处理，供英语教学作为教学资料利用。现代教育技术以传统教学以及电化教学为基础和前提，是通过对教学内容和对象的差异化选择，对教学方法与手段进行创新和改良的一种教学媒体。现代教育的本质特征在于将各种先进信息技术方法通过巧妙的方式有机地与教育技术理论相融合，并且以此为具体指导，将其融入实际教学当中。现代教育技术对传统教学模式带来一定的冲击的同时，也为高校外语教学改革提供了良好机遇。随着现代教育技术的迅速发展，传统英语教学和社会发展逐渐脱节，把信息技术与英语教学有机融合，将其增值优势充分发挥出来，从而革新了大学英语的教学方法，使英语教学的质量得到较大幅度提升。英语教育的价值除了满足国际交流的不同需求之外，更在于培养学生在综合方面的素质与能力。目前，我国大学生学习英语的目的在于能够运用所学到的知识解决实际问题，而不是只应付考试。精通英语已成为高端人才必备的根本素养之一，英语学习能力已不再局限在语言技能方面，更多体现为一种综合素养。

2. 现代教育技术在现代英语教学中的优势

第一，将现代教育技术应用于现代英语教学中，可以促进学生个性化发展，提高他们的学习效果。现代教育技术能够为学生提供丰富多彩的英语学习环境，让学生感受到学习英语的快乐和成就感。在传统的英语教学中，教学方法相对比较单一，仅通过口头讲解与纸质教材向学生传授语言知识，教师在教学中采用这种方式难以充分激发学生对英语学习的兴趣，学生的学习行为也处于一种僵化和被动的状态，对学生个性化发展十分不利。现代教育技术可以为英语教学提供有效的辅助，有利于实现课堂教学与信息技术有机结合。教师在实践教学的过程当中能够充分利用教育技术设备，按照学生的独特个性和学习层次精心设计难易程度各异的学习内容，并将其存储于网络服务器之中，以便学生随时调用所需资源。

第二，运用现代教育技术于现代英语教学中，可增强教学形式的灵活性和教学活动的生动性，从而有助于英语教学质量的快速提升。在英语教学中，特别是英语实践课的教学中，传统的教学方式主要是通过教师在课堂上反复演示和口耳相传的方式，引导学生模仿，达到教学效果的最大化，这种方法虽然能够达到一定效果，但是不能满足现代化英语教学要求。多媒体教学方法可以弥补传统教学模式下存在的一些不足。在语言实验室中，教师运用多媒体技术，采用语音训练教学软件，使学生在显示器上观看三维技术呈现的发音位置结构演示，以动态的方式将口型与舌位的具体变化过程展示出来，除此之外还能够呈现静态画面。这样不仅能帮助学生更好地理解教学内容，也能提高学生对声音的感知能力和记忆效果。通过反复观察和模仿，学生精准地掌握发音技巧，找到准确的发声部位，最终为说一口流畅、纯正的英语打下更加坚实的基础。

第三，在现代英语教学过程当中运用现代教育技术，可以有效提升学生的英语交际能力和水平。现代化多媒体教学方法对英语课堂教学具有积极作用。英语教学目的除了向传授学生语言知识之外，更重要的是全面培养与快速提升学生运用外语交流相关的能力。现代教育技术为教师提供了一种新的教学模式——以教师为主导、以学生为主体，以多媒体为主媒体的“双主”型教学方法。通过对音频与多媒体技术的灵活运用，在教学过程中构建一个更加逼真的互动环境，使学生身临其境，从而充分激发和调动学生与英语学习的欲望，促使学生积极、主动参与教学实践的过程，逐渐从被动转为主动，最终使他们在口语表达方面的能力得到有效提升。多媒体辅助下的课堂教学模式能有效地调动起学生学习的积极性、主动性和创造性，教师借助富有活力和多样性的教学方式，将学习和实践有机结合，可以事半功倍地提升学生的能力水平。

第四，在现代英语教学过程当中运用现代教育技术，有助于促进教师和学生之间的交流互动，同时也有助于学生之间的协作学习。在英语教学过程中，现代教育技术的辅助作用能够充分激发学生对英语的学习热情，使他们在发现和探索中获得更多的学习机会。教师利用多媒体技术创设一个以学习者为主体的交互式教学环境，能够激发学习者的自主探索和创新意识，培养他们的综合素质。这一学习环境的联结功能强大，师生即便处于异地，也能够参与交互性的学习讨论，借助交流平台相互分享彼此的学习心得，实现知识的传递与交流，充分展现群体协作和合作学习的优越性。现代教育技术与传统教学方法相结合，能够更好地促进教与学的互动，通过促进交流，学生能够摆脱被动的学习方式，激发内在的主动性和创造性，从而在学习过程中获得更多的成长和发展。

第五，在现代英语教学过程当中运用现代教育技术，有助于构建英语教学资源库，它以计算机为工具，将文字、声音、图像等媒体信息结合起来，使学生能从视觉、听觉上获得丰富多样的体验，从而激发他们的学习热情。英语教学质量的优劣，与英语音像资料的建设成败息息相关。众所周知，高等学府作为孕育英语人才的摇篮，运用现代教育技术充分挖掘丰富并且具有强烈视觉冲击力的英语信息资源，构建多维度、多层次的英语音像资料库，从某种意义上来说对于培养具有时代气息和前瞻性的优秀英语人才具有不可忽视的重要作用和意义。

3. 现代教育技术在现代英语教学中的发展趋势

（1）网络化趋势

当今时代，随着互联网应用的迅速发展，现代教育技术的网络化已经成为一种最为显著的特征。现代教育技术的网络化趋势呈现出两个主要方面：一是国际互联网应用的迅猛发展，二是卫星电视网络的迅速扩张。随着互联网络的日益普及，人们将能更方便、快捷地进行各种信息交流与共享。教育体制与教学模式在互联网环境下，不再受时间、空间的限制，借助对计算机网络的广泛应用，已经实现了全社会甚至全球范围内的开放式大学建设，同时利用先进的通信技术将全球各地分散的教育资源有机联系起来，形成全球性的资源共享机制。在此教育体系下，每一位个体无论是学生还是教师，无论何时、何地均能够通过网络自由地学习、工作或者娱乐。此外，它还具有资源共享性，使不同地区的学校间以及各专业领域内的人才能够互相交流。因为其基于信息高速公路的多媒体教育网络，所有这些任务均能够在瞬间完成，需要的教师、专家等虽然距离遥远，但“近在眼前”。这种教学模式完全以个体需求为导向，不管是教学方式、教学实践还是指导教师，均能够根据学习者的意愿和不同需求进行自主、灵活的选择。

（2）多媒体化趋势

①多媒体教学系统。相较于其他媒体应用的教学系统，多媒体教学系统以其多重感官刺激的特点脱颖而出，具体如下：信息传输的规模和速度均呈现出惊人的表现；能使教学过程形象生动地表现出来；信息传输质量高，应用范围广泛；使用方便简单；系统设计灵活，可进行二次开发；具有高度互动性；等等。

②多媒体电子出版物。除了直接应用于教学过程，多媒体技术还在教育领域发挥着至关重要的作用，即以 CD—ROM 光盘作为电子出版物的储存介质。

（3）应用模式多样化

现代教育技术在不同国家的应用模式和要求各不相同，主要是按照社会需求以及具体条件的差异划分不同的应用层次并采用相应的应用模式。随着世界范围内新科技革命的兴起，各国都把开发信息资源作为提高综合国力的重要方法之一，其中教育又是信息传递与共享的基础。在当前和未来一段时间内，无论是在发展中国家还是在发达国家，常规模式依旧在现代教育技术应用模式中占据主导地位。在推进现代教育技术发展的过程中，除了注重常规模式的发展，还应该积极探索多媒体模式和网络模式，因为这是未来现代教育技术发展的必然趋势和发展方向。

（二）现代教育技术环境下英语教学的变化

1. 现代教育技术对教师的影响

现代教育技术的广泛应用，使得教师的工作负担得到了一定的缓解。在传统的教学模式下，教师在大型课堂中难以用有限的时间引导学生进行更深层次的讨论，同时也无法让学生逐一进行课堂操练，此外课外还需要批改大量的作业，最终导致了教学效率的下降，师生均产生了厌倦的情绪。信息时代的到来，在教学中掌握多媒体软件制作技术是必不可少的一项技能。随着网络的普及，多媒体教学成为现代教育不可缺少的一种方法。在软件的应用中，应当遵循和体现以学生为中心、以教师为主导的原则。作为新时代的教师应具有一定的网络素养，他们已不再是知识的唯一掌握者，而是转变为学习资源和方法的组织者和指导者，扮演着知识传递的重要角色。为了在网络化的教学中起到一定的引导作用，教师除了需要具备信息捕捉和分析的能力，同时还需要具备信息组织的个人特点。教师的职责不仅在于传授知识，而且在于为学生提供多元化的学习资源，营造一种激发学习热情的环境和氛围，让学生自主选择学习方式。

2. 现代教育技术对学生的影响

（1）学习方式

英语教学在现代教育技术的强有力支持下，摆脱了以教师为中心的传统教学方式，建立了以学生为主体的新型教学模式，从而使学生从以前被动消极的学习者逐渐转变为主动积极参与的学习者，成为学习的真正“主宰者”。学生在这种学习过程中借助现代教育技术教学系统所构建的学习环境，实现了人机、师生以及同学之间的互动交流，教师在此过程中则扮演着指导者和帮助者的角色，为学生提供了更多的练习机会，在一定程度上减轻了他们的紧张感和枯燥感，同时也进一步增强了他们的自信心，促使他们将主动性和积极性充分发挥出来，最终实现学习效率的快速提升。

（2）学习渠道

随着现代教育技术的快速发展，在其影响下创造的模拟英语交际环境为学生提供了模仿计算机中人物发音或参与人物对话的宝贵机会，同时也可以及时向学生反馈自身语句内容和语音语调的正确性。学生是教学过程的真正参与者和组织者，是教学活动中信息的接受者，在多媒体辅助英语教学过程中，教师应该注重和强调学生在个体方面的差异性，尽可能为他们提供一个轻松愉悦的学习环境和氛围，以促进他们的学习。在课堂上，不同层次和水平的学生都能充分发挥其主观能动性。对于学习程度较高的同学而言，他们可以通过跳过已掌握的知识，直接进入自己所渴望学习的领域，从而加快学习速度，获取更多的信息。对于基础较差的学生而言，他们能够按照自身实际情况对学习节奏进行灵活调整，不用担心会受到教师的提问或同学的嘲笑，使他们可以更加从容地应对挑战。

（3）学习观念

在当今信息社会中涌现出了许多新的思想、观念和行为方式，尤其是对教育的影响最为显著。随着新旧知识的不断更新和信息传播速度的加快，在传统的学校教育中，学生所掌握的知识和技能已经无法完全适应信息社会的发展不同需求。

由于经济全球化进程的加快和知识经济时代的到来，学生已不满足于单纯依靠书本获取知识，更注重通过实践获得能力，他们越来越重视自身综合素质的培养。随着计算机、多媒体技术等持续性地渗透到教育领域，现代教育技术的兴起逐渐改变了传统学习观念。

三、多媒体英语教学及教学设计

（一）多媒体英语教学

1. 多媒体英语教学的基本定义

所谓的多媒体英语教学主要指的是一种以计算机技术为核心，涵盖多种媒介的教学模式，其中教学主体通过多媒体光盘与网络教学资源获取学习内容，通过教师在课堂教学过程中对教学内容进行组织、加工和呈现达到预期目的。在英语教学中，除了传统的教学活动外，教师还可以对多种媒体的优势与特点进行充分利用，形成协同合作的力量，从而构建出一个真正意义上的立体化英语教学体系。

2. 多媒体环境下英语教学的特点

①教学信息及教学方式的立体性。多媒体技术集成性、交互性等特点导致信息的立体性和应用的立体性，有利于学习者多维度的认知和语言综合应用能力的培养。英语教学借助多媒体技术方法实现多种类型的语言信息通过多通道的输入、存储、处理、输出，可以让学习者置身于虚拟现实的语境中，向学习者提供大量的视觉和听觉接触信息的机会，使学生通过对多维度信息的多途径利用，以立体的方式进行听、说、读、写、译的基本语言能力学习、训练和语言实验、研究。

②教学方式和学习方式的自主性。软件和网络技术使多媒体具有控制性、非线性、便利性等特点，为此环境下的英语教学提供了能更有效和更高效地达到教学目标的多元化教学方式和学习方式。这有助于个性化教学，教师根据教学指导思想选择教学方式，尤其有助于实施以学生为中心的教学。

③教学资源的共享性。网络多媒体技术使数字化的信息轻易实现资源共享，可以改变各自为战的教学格局，为教学的集约化发展提供了条件。教师之间、师生之间、学生之间、班级之间、学校之间等均可以按需要进行教学资源的共享，

从而避免了许多劳动的浪费，减轻了教与学的工作强度，甚至可以通过远程教学来实现师资共享、课程共享、学习合作伙伴共享等。

④教学管理的辅助性。多媒体环境下的英语教学还具有强大的管理功能和教学辅助功能。通过网络教学平台等途径给学习者提供各种状态数据，包括在线自主学习、在线练习、在线测试所产生的原始数据和分析数据，教师可以及时、全面、具体地了解教学变化，针对性地进行教学决策调整和对个体学习者的指导或辅导，同时，教师可实现由庞大数据支撑的形成性评估与终结性评估相结合的教学评价体系的实施。

3. 多媒体技术在英语教学中的应用

①多媒体语言实验室。多媒体技术改变了传统语言实验室的所依赖的核心技术，即用数字技术替代了模拟技术，从而使语言实验室具备了更强大的功能，集语音实验室、自主学习室、声像编辑室、电子阅览室、视听实验室、模拟训练室、声像资料室等语言实验功能于一体。

②多媒体教室。多媒体教室是在教室中安装了多媒体设备，主要分为单机型和网络型两类，基本配置包含多媒体计算机系统、放大显示系统、音响系统，可扩充设备包括实物展示系统、电子白板等根据教学需要增添的外围设备。

③多媒体网络教学平台。多媒体网络教学平台是指基于多媒体和网络技术的教学及管理系统，其教学基本功能包括课程教学、自主学习、教学资源、在线辅导、在线测试等，其管理基本功能包括课程教学管理、形成性评价、课程或专业教学资讯等。

④多媒体应用软件。多媒体应用软件是指运用计算机语言和多媒体技术针对单机或网络环境设计的英语教学软件。

（二）多媒体英语教学设计

1. 多媒体英语教学设计的概念

第一，教学设计是将教学原则有序转化为具体的教学素材与活动计划，以便更好地促进学生的学习和发展，它是一种创造性思维活动，具有科学性、系统性、可行性等特点。在教学设计的过程当中，教师必须遵循教学过程中的基本规律，明确教学目标的问题，以便解决教学过程中所面临的问题。

第二，教学设计一项具有规划性与决策性的活动，旨在实现教学目标的有效落实。教学计划与布局安排是教学设计的核心，通过创造性的决策来解决如何实现教学目标，从而达到最佳教学效果。

第三，教学设计是将系统化的方法论作为关键性指导，确保教学过程的高效性和有效性。它将教学各要素视为有机的系统，对教学问题与教学需求进行深入分析，制定明确的解决程序纲要，以达到最优化和最大化的教学效果。

第四，教学设计是一项技术过程，其目的在于提高学习者获取知识和技能的效率，同时进一步激发他们的学习兴趣和热情。教学设计作为教育技术的重要组成部分，旨在通过系统化的方法对教学过程进行科学、合理的设计，使其成为一种可操作的程序，从而提高教学效果。

2. 多媒体英语教学设计的基本步骤

（1）教学目标分析

在进行教学设计时，通常课程教学目标是已定的，为了实现总的教学目标，应该对其进行分析并分解，构成一个教学目标体系。

（2）情景创设

根据教学目标体系中的分解目标，对应地设计教学情景，以多媒体辅助进行情景创设，以便教学内容信息在真实或虚拟的情景中传递。

（3）信息资源设计

根据教学目标体系中的分解目标，对应地分析信息资源，结合所创设的情景，对信息资源进行分配、管理，并运用相关的学习理论，根据教学需要提出利用方案，即直接利用或是处理后利用，以及需要处理的信息应该如何处理。

（4）自主学习设计

教师应该为学习者的自主学习做好任务设计和自主学习方法指导设计，主要包括目标、内容、计划、环境和自评等要素，其中环境要素中要对多媒体环境的有效利用进行指导设计。指导学习者在适当的情况下充分开展合作学习。

（5）合作学习环境设计

合作学习环境的设计主要是指针对教学目标、内容和学习者的实际情况进行多媒体教学条件和环境有效利用的方案设计。

（6）学习效果评价设计

在以学生为中心的建构主义教学模式下，学习效果评价应该包括形成性评价和终结性评价，其中形成性评价要具体、细致，这在多媒体环境中不难做到。形成性评价中，应该包括学习者自我评价、学习伙伴相互评价和教师对学习者的评价。

（7）强化练习设计

根据教学目标，对与主要教学内容相关的知识和技能，应该充分利用多媒体条件和遵循多媒体教学原则，设计出效率高、效果好的强化练习。

第五章　跨文化视角下的大学英语教学研究

本章内容为跨文化视角下的大学英语教学研究，主要包括跨文化交际与英语教学、大学英语跨文化教学的理论与实践、跨文化大学英语教学现状与问题以及跨文化大学英语的改革与创新。

第一节　跨文化交际与英语教学

一、中西文化差别及跨文化交际

（一）中西文化差别

“跨文化交际”的英文为“Intercultural Communication”或“Cross-cultural Communication”，是指存在语言和文化背景差异的人之间的交流。由于生活在不同语言环境下的人的语言习惯、人文历史、风土人情等存在一定的差异，并且人们在交流过程中容易依据自己的文化背景进行信息传递和信息接收，所以在交际过程中如果不了解对方的文化习惯，就很容易产生误解，导致交际失败。[①] 中西方文化在本质和表现形式上存在很大差异。有人认为，中国文化是一种伦理文化，儒家伦理是精神基础，注重“天人合一”，群体文化是主导价值观。西方文化是一种宗教文化，源头为希伯来文化、希腊文化、罗马文化，体现为理性精神、人文精神、宗教精神的统一。

中国文化讲究和、礼，集体归属感强，强调团结、沉着、坚定，而西方人崇尚理性，善于逻辑分析，注重细节，执着，富于主动性，强调个性。中国人偏重精神感受，西方人注重实用。中国人重悟性、辩证思维，西方人重理性、逻辑思维。中国人谦让，西方人直率。

① 朱琳 . 基于跨文化交际的大学英语教学模式构建 [J]. 教育教学论坛，2019（10）：189–190.

（二）跨文化交际

随着中国改革开放的进一步深入，国内各地区、各民族文化的广泛融合，国际合作和文化交流的扩大，以及中国加入世界贸易组织，跨文化交际的时代特征也适合于中国的国情，它必将给中国的教育尤其是英语教育带来一定的影响。

但是在英语教学史上，由于受结构主义的影响，将语言和文化截然分开，结果造成人们在对外交际中常常产生误会。随着我国在各个领域对外交流的进一步加强，英语教学中的跨文化得到了一定的重视。因此，英语教学中，培养、加强文化学习相对比较重要。

学习一种语言，交际是目的，语言是方法，文化是背景，为此我们不但要学习语言本身，而且更应该学习这种语言所代表的文化。在当今的信息时代，文化已经成为人们生活和工作中不可缺少的组成部分。而交际文化在语言教学中比知识文化更重要。如果不懂得某种交际文化，交际就会失败。跨文化交际向国际化、多元化发展，全社会需要大量综合发展的复合型人才，然而各民族处于不同的自然地理环境，历史背景和宗教信仰都不同，他们在各自的语言环境中形成不同的语言习惯。不同民族之间的文化差异有许多表现在语言交际中，因此，要想顺利地完成交际，就必须把语言知识和文化知识结合起来。对英语教学者来说，交际文化素养的习得与跨文化交际能力的培养关系到教学效果的优劣和实际运用语言的能力，因而在英语课程教学中，不应该只是教授语法和词汇，更应该了解以文化为基础的交际形式、特定场合下的口头及书面表达风格，通过多种教学方法和策略在课堂内外不断地渗透文化意识并指导学生在实践中运用，激发学生学习的积极性，拓宽学生视野，丰富学生知识，以达到提高学生跨文化交际能力的目的。

二、跨文化交际英语教学

（一）跨文化交际内容

文化从广义上讲是人类在社会历史发展过程中所创造的物质财富和精神财富的总和，从狭义上讲是一种生活方式，是我们生存、思维、感觉和与别人发生关系的环境，是联结人们的黏合剂。归纳起来，跨文化交际包括以下 5 个方面的内容。

①语言交际。包括词汇、习语、语法、语段、文章等。

②非语言交际。包括面部表情、眼神、手势、姿势、体态等。

③交际习俗与礼仪。包括打招呼、称赞、称谓、访友、做客等。

④社会结构及人际关系。包括家族关系、亲戚关系、朋友关系、同事关系和社区关系等。

⑤价值观念。包括人们的信仰、看法、观点等。

因此我们的跨文化交际内容就是要学习了解目的语的以上方面的内容。

（二）跨文化交际英语教学步骤

一个人的母语文化认知图式是自然形成的，而目的语文化的认知图式必须有意识地对待，因为这是一种特定的思维模式。所以我们在教学过程中应充分发挥想象，设计各种各样的活动提高学生对英语学习的热情，加深他们对英语的理解。下面为教学活动的步骤。

1. 准备阶段

针对教学内容中所包含的文化知识，教师首先要了解学生已经掌握的程度，其次教师可以采取教师讲解、问卷测试、直接问答、词汇联想、图片实物展示等方法让学生对于将要学习的内容有一个初步的了解。

2. 讲解阶段

教师针对所学内容的特点采取不同的方法，使学生学习效率最大化。

（1）对比法

涉及语言交际方面的内容，如汉语里“像老黄牛一样勤恳”“力大如牛”在英语里却要说“work as a horse”“as strong as a horse”。中国人都是用牛耕地劳作，而英国人却是用马来耕作的。同样，汉语有“害群之马”的俗语，英语中翻译为“black sheep”。

交际习俗与礼仪。中国人在饭桌上喜欢互相劝酒，而这在西方人眼里就是强人所难的举动。西方国家，孩子在家可以随便称呼长辈的名字，而这在中国是一种不尊敬长辈的行为。

价值观念。多数西方人个人价值至上，追求个人成功，而中国人倾向于社会、集体价值至上。

（2）翻译法

英语学习者存在的一个共同问题是在做翻译练习时，目的语中没有生词，但英汉两种语言在词汇、语法、句型结构等方面有一定的差异，导致学生翻译出来的语句不符合目的语的习惯，所以典型句子的翻译在提高学生翻译水平的同时也能提高学习者的文化意识。

（3）互动法

通过英语教师与英语学习者之间的互动交流，让学生联想具有类似文化差异的中西方不同词汇或语言现象，以增强英语教学效果，提高英语学习者的学习水平。

3. 习得阶段

跨文化差异的学习最终目的是使得学习者掌握差异，从而在交际中更加得体恰当。而这些差异的理解和掌握也要通过不同的课内外活动的练习而习得，如角色扮演；努力创造跨文化交际的机会，如创造条件使学生有与外籍人员面对面交流的机会；使用一定比例的国外原版教材，并努力提高自编教材的真实性；充分利用现代化教学方法；引入外籍教师；引导学生阅读外国文学作品、报刊文章，推荐学生观看体现文化背景、风土人情、社会习俗等内容的电影；开展丰富多彩的课外活动，如文化讲座、知识竞赛等，引导学生逐渐养成自觉吸收不同文化的学习态度。

（三）跨文化英语教学阶段框架

大学英语跨文化教学的目的是通过专业英语学习，或以内容为基础的英语学习，学习者进一步巩固他们的英语基础知识和提高应用能力，通过各种形式的文化学习和跨文化交际体验来增强他们的跨文化意识和跨文化交际能力，从而发展成为具有较强跨文化交际能力和进行独立专业学习能力的人才。走出学校后进行英语学习的目的是通过参加各类培训，或通过各种社会和工作实践，学习者进一步巩固和提高他们的英语交际能力和跨文化交际能力，同时增强他们自主学习的能力，培养他们终身学习的思想。这一框架不仅是英语教学的需要，而且是培养新时代跨文化交际人才的需要，因此应引起英语教师及英语学习者的高度重视，成为英语教学和学习的基本内容。

（四）跨文化交际英语教学策略

英语教学的根本目的就是与不同文化背景的人进行交流，实现有效的跨文化交际；全面提高英语教学的水平，大幅度地提高学生的英语实际应用能力。这不仅是中国经济发展的迫切需要，同时也是跨世纪的中国高等教育的一项任务。为了实现这个目标，我们要真正认识到英语是跨文化教育的关键的一环，把语言看作是与文化、社会密不可分的一个整体，并在教学大纲、教材设置、课堂教学、语言测试以及第一课堂里全面反映出来。

人类的交际不但是一种语言现象，也是一种跨文化现象。英语教学的目的是交流，而在我国目前的教学体系中，大学英语教学的侧重点放在了语言知识的传授上，在一定程度上忽略了跨文化交际能力的培养。因此，教师要转变自己的观念，切实认识到文化冲突的危害性和培养学生跨文化交际能力的重要性。

1. 转变观念

授课教师要转变观念，切实认识到文化冲突的危害性和培养学生跨文化交际能力的重要性。通过加强学习，不断进行知识更新，提高自身的综合文化素质，切实全面地把握英语文化知识教育的量与度以及教学的具体步骤和方法，加强师生互动，改善课堂氛围，注意课下引导，全面提高英语教学水平，以达到预期的教学目的。

2. 改进传统的教学方法

一直以来，大学英语教学都把侧重点放在了语言知识的传授上，而忽略了跨文化交际能力的培养。为了改变这种局面，我们应该改进单一的教学方法，从质和量两方面对课堂教学中的文化教学加以控制，并利用如电影、互联网等先进的现代化的教学方法来充分调动学生的学习积极性和主动性。同时，还可以举办一些专题讲座，以满足学生的求知欲望，为培养出具有较高跨文化交际能力的人才搭建知识平台。

3. 引导学生广泛接触西方文化知识

大学里学生有充分的可支配时间，只依靠教师在课堂上的教学来培养跨文化交际能力是远远不够的，教师要引导学生充分利用课外时间广泛阅读西方英语文学作品、报纸杂志等材料，从中汲取文化精华，提高文化素养，扩宽文化视野，增强跨文化交际能力。另外，还要鼓励学生直接与外教交流，听外教作报告或讲课，对学生跨文化交际能力的提升起到潜移默化的作用。

三、英语教学中跨文化交际能力的培养

（一）英语教学与学生跨文化交际能力培养

对于跨文化交际学的研究不仅有助于人们预见和解决现实生活交际中出现的诸多问题，增强我们对世界各国文化的了解，同时也可以拓宽语言研究的社会面，将语言研究和跨文化研究有机地结合起来，这不仅在理论上必要，而且对于英语教学实践有实际意义。对这门学科的深入研究，不仅能够为探讨语言交际提供新的理论依据与角度，而且也使英语教学的内容得以充实与丰富。跨文化交际与英语教学密不可分，这是因为英语教学不只是传授语言知识，更重要的是要培养学生的交际能力，尤其是灵活有效地运用英语进行跨文化交际的能力。因此，从这个意义出发，将英语教学看作跨文化教育的一环更加恰当。随着改革开放的深入发展，中国迅速地走向世界，社会上对大学毕业生的英语实际运用能力提出了更高的要求。但是在这些方面，我们的教育却明显滞后。究其原因，一方面在于普遍的应试教育带来了一定的负面影响，另一方面在于传统的英语教育观还深深地束缚着我们教师的手脚。目前英语教学中存在的问题概括起来有三个方面：第一，把学习语法和词汇当作英语学习的全部。这样教育出来的学生不但发出信息的能力相对比较差，而且获取信息的能力也相对比较差，综合交际能力有待提高。第二，教师没有注意到学生的学习方法陈旧。受传统汉语学习的影响，学生注意力往往集中在词、句的理解上，而较少注意篇章；往往重视信息的接收，却忽略信息的发出。第三，教出的学生虽然综合语言能力较强，但是跨文化理解能力相对较差，相对比较缺乏社会技能。

（二）英语教学中学生跨文化交际能力提高的方法

（1）采用对比法，介绍不同背景知识

各个民族由于地域、生态环境、政治制度、历史背景、风俗习惯、价值观念、行为模式不同，其文化特征也不一样。只有通过对比才能发现本国文化与目的语文化之间的异同，从而获得一种跨文化交际的文化敏感性，加深对中外文化的理

解，提高文化意识。教师可以在课堂上引入相关风俗典故，更多地介绍风土人情，捕捉中西方背景知识的不同点，让学生通过对比来了解双方文化的差异，加深对目的语国家文化的认识，从而养成得体的语言习惯。

（2）窄式阅读法

克拉申的“窄式阅读法”理论是有利于文化理解的阅读方法，其内涵为集中阅读同一话题的多篇文章，通过阅读理解文本中那些显性和隐性的文化信息，提高文化意识。克拉申认为，这种阅读总体上说是窄式输入。这种方法对于外语习得非常有效，可以集中提供某一专题的文化内容及其背景知识，使学生可以在较短的时间内熟悉某一文化专题的词汇、题材、风格及文化内容。这种方法有利于学生对目的语国家文化背景知识进行全面的整体把握，拓宽知识面，开阔眼界。

（3）营造文化氛围，体验异国文化

大学英语教学的课时相对比较有限，不能只依靠教师在课堂上的教学来培养跨文化交际能力，学生还必须充分利用课外时间广泛阅读西方英语文学作品、报纸杂志和时事评论等材料，从中吸取文化知识，增强文化素养，拓宽西方文化视野，提高跨文化交际能力。

具体到跨文化交际能力培养的实践操作上，得到普遍认同的是文化教学与语言教学有机结合的方法。

运用文学作品分析进行文化教学。文学作品分析是语言教学的一个常见的方法。中国很多英语教学活动都是通过分析语篇进行的。文学作品蕴含丰富的文化内容，语言形式经典，因此在文学作品分析过程中同时进行语言教学和文化教学是必要的，也是可能实现的。传统的语言教学也有文化内容的讲解，只是教师并没有将其列入教学目标。在教学中，应将语言教学和文化教学结合起来。

随着跨文化英语教学思想的不断深入，我们会有更多更好的方法来学习英语。教师要转变教学观念，真正做到语言教学和文化教学有机结合，既要促进学习者英语交际能力的提高，又要培养他们的人文素质。只有这样，学生的跨文化交际能力才能得到提高。

第二节 大学英语跨文化教学的理论与实践

一、跨文化英语教学与传统英语教学的区别

长期以来，在大学英语教学实践中，我们更多的是重视进行听、说、读、写等语言基础知识的训练，认为学生只要掌握了语音、词汇和语法规则就能理解英语和用英语进行交际，但是却忽视了文化教学，尤其是学生跨文化交际能力的培养。实际上，由于学生缺乏语言的文化背景知识，不了解中西文化的差异，在英语学习和交际中屡屡出现歧义误解、语用失误的现象。如听到别人赞扬时，美国人一般表示接受赞扬，中国人则一般表示受之有愧；中国人召唤他人走近时常用手心向下、手指向内连续弯曲的手势，而外国人则用四指弯曲食指向内勾动的手势。freeze 英语含义是“结冰、冰冻”，而美国人却在日常用语中用其表示“站住、不许动”。

跨文化英语教学与传统英语教学在教学目标和教学内容上的不同决定了它们教学的原则和方法不同。跨文化英语教学既要关注英语教学的语言文学目标，又要重视英语教学的社会人文目标，其在教学原则和方法上与传统英语教学最大的区别在于以下四点。

第一，语言教学与文化教学有机结合，语言与文化互为目的和方法。英语语言的学习是文化学习的方法，文化学习和跨文化交际是英语学习的目的；文化学习为英语学习提供了丰富多彩、真实鲜活的素材和环境，是英语交际能力培养的重要保证。语言教学与文化教学的结合贯穿英语教学的各个阶段、各个环节。

第二，跨文化英语教学特别重视调动学习者的各种学习潜能和机制，多层次多渠道地进行教学。语言的学习和文化的学习都是一个终身学习的过程，学习者不可能永远依赖教师进行学习。自主学习能力的培养和文化学习方法的探索是跨文化英语教学的重要内容。所以跨文化交际能力的培养需要学校教育与社会实践相结合，重视调动学习者的各种学习潜能和机制，充分利用各种教学方法多层次、多渠道地进行教学。跨文化交际能力的培养过程就是学习者的认知、情感和行为不断变化的过程，它需要学习者积累知识、转变态度、调整行为、发展技能。这

种学习要求只有通过开发和应用多种教学方法才能得到满足，日益发展的多媒体网络技术为此开辟了新的途径。

第三，跨文化英语教学重视学习者本族文化的作用，并将认识、反思和丰富本族文化作为教学目的之一。比较和对比是实现这一教学目的的主要方法之一，学习者在英语语言学习和文化学习过程中，不断地将本族文化现象与其他文化的相关现象进行比较和对比，形成对本族文化的再认识。

第四，跨文化英语教学体验探索式的教学方法的作用非常明显。跨文化英语教学虽然说是说教式教学方式与体验探索式教学方法并举，但后者的作用非常明显，因此大学英语教学不能只单纯注意语言教学，对文化背景知识的了解是培养学生跨文化交际能力的前提。我国学者胡文仲指出，只注意形式而不注意语言的内涵，是学不好英语的。[①] 在大学英语教学中，必须加强文化教学，帮助学生在学习语言时了解和掌握与本国国情不一致的他国事物、现象和文化，提高对文化的敏感性，就可以利用他们发自内心地想了解其他民族的兴趣和动力，提高和完善其语言交际能力，真正实现我们英语教学的目的。英语教学必须重视文化之间的差异，要注意不同文化背景、社会价值观和思维模式的关系。教师应该充分利用各种方法加强语言文化导入，向学生进行文化渗透，集语言、文化于一体，让学生能同时学到语言知识和文化知识，从而提高学生的跨文化交际能力，使学生们在实际中正确运用语言。

二、跨文化英语教学的原则

跨文化英语教学与传统的英语教学在教学目标和教学内容上都有着很大的不同，因此在教学方法和原则上也必然有所不同。跨文化英语教学的基本出发点是将英语作为国际通用语进行教学，将培养跨文化交际能力作为教学的最终目标。正因为如此，其教学内容在一定程度上超出了交际法英语教学所圈定的目的语言和相关目的文化。虽然目的语言和文化仍然是跨文化英语教学的核心内容之一，但是只包括目的语言和文化的教学不能满足英语作为国际通用语和进行跨文化交际的需要。跨文化英语教学将教学环境扩大到整个国际社会，不仅包括以英语为母语的国家和地区，而且包括将英语作为第一语言的国家。这样的教学内容和教

① 胡文仲．跨文化交际学概论 [M]. 北京：外语教学与研究出版社，1999.

学目的不可能完全通过传统的知识传授和机械训练的方法来实现，引导学习者掌握语言学习和文化学习的方法，培养他们独立思考和自主学习的能力，是保证跨文化英语教学成功的一个重要条件。一般来说，教师是教学的主要执行者，是教学的主体，但是在跨文化英语教学中，学习者的中心地位要凸显出来，英语教学也要遵循如下原则。

（一）以学习者为中心，引导学习者自主学习

学习者是教学过程的真正主体，教师的教学、教材的编写和教学方法的设计和选择都必须围绕学生的实际需要进行。在跨文化英语教学中，不仅学习者的英语语言学习需要受到应有的重视，在整个教学过程中，他们对母语和本族文化的体验和理解、对目的文化和其他文化的态度、个人综合素质的提高，包括立体思维方式的形成和跨文化交际能力的培养甚至对整个人生的态度等，很多与学习者的过去、现在和未来密切相关的主题，都是教学设计和教学活动的考虑因素。就教师而言，引导学习者进行自主学习是其主要任务，虽然知识的传授和规则的讲解仍然必不可少，但是教学的中心应该转向学习者自主学习能力的培养。这一点对于跨文化英语教学来说非常重要，原因之一是当今世界知识不断更新，培养学生终身学习的思想，使其掌握独立学习的方法，成为教育界普遍关注的问题。另一个原因是跨文化英语教学的目标和内容相对于传统的英语教学而言扩大了无数倍，而教学时间基本不变，不可能有大幅度的增加，因此学习者在校期间有很多教学内容无法接触和学习，教师只有通过授之以渔的方法，才能确保教学目标的最终实现。这也是将离开学校后的英语和文化学习也纳入整个教学体系的原因。

（二）语言教学与文化教学有机结合

语言和文化在跨文化英语教学中互为目的和方法。英语发展成为国际通用语的原因之一是跨文化交际日益频繁，来自世界各地、各民族、各文化群体的人们需要这一通用语作为沟通和交流的媒介，因此英语学习的目的之一就是进行有效的跨文化交际。由于英语语言学习本身涉及文化的学习，所以我们完全有理由说，英语语言的学习是文化学习的方法，文化学习和跨文化交际是英语学习的目的。反过来，文化学习为英语语言学习提供丰富多彩、真实鲜活的素材和环境，大量文化材料被引入英语教材和课堂，不仅使英语学习生趣盎然，而且使英语交际能

力培养得到保证。总之，跨文化英语教学包含语言教学和文化教学，两方面相辅相成，不可分割。所以，在教学设计和课堂教学中语言教学和文化教学必须有机结合。这种结合应体现在英语教学的各个阶段、各个环节。虽然根据学习者的认知水平和学习需要，在不同阶段和不同课程中，语言和文化各有侧重，但是在跨文化英语教学中没有单纯的语言课或文化课，只要具有这种意识，总能找到两者的结合点。

（三）注重思维方法，遵循交际规则

文化会影响人们对外界事物的看法和认识，处于不同文化中的人在思维方式方面必然会有差异。思维方式是沟通文化语言的桥梁。西方文化的思维方式注重逻辑和分析，东方的思维方式则表现出直觉整体性。中国人含蓄委婉，思维方式带有意会性；西方人比较直接，思维方式带有直观性。东西方思维方式不同，为了跨文化交际的顺利进行，我们应该遵守交际规则，尊重交际对象的文化。

三、大学英语跨文化教学理论基础

（一）语言与文化，语言教学与文化教学的关系

语言与文化之间密不可分的关系已经得到广泛认可。任何一种语言的产生和发展都依赖该语言群体及其赖以生存的社会文化。语言不仅具有表情达意的交际功能，它还是感知和思维的表现系统，前者是语言的外显功能，以语言输入和输出为形式；后者是语言的潜在功能，属于认知心理活动。

任何个体之间的交际都是从个体对外界环境进行选择性的感知开始，这个感知活动受个体的语言、文化和经历的影响。要让对方知道自己的思想，还必须借助语言系统外化自己的感知结果和思想，这就是语言使用的外化、输出阶段。这一过程首先是将已经形成的概念和思想转换成能外用的一个新的符号系统，这不是真正意义上的语言学习，在这种情况下，学习者学到的只是一套脱离了原来赖以生存的文化内容的符号系统，学习者只能用它来表达自己本族文化的一些思想内容，却无法将其作为与目的语语言群体进行交流的工具，因为离开了该语言所反映的社会文化现实，这一新的符号系统就好像一个没有了血肉的、僵化的躯干，失去了其原有的活力和价值。

英语交际能力的提高必然要求学习者了解目的语言所反映的文化意义系统，通过将目的文化与本族文化进行对比，调整和修改自己的认知图式和参考框架。只关注语言符号和语言形式，忽视语言使用中的文化内涵的教学显然是毫无意义的，英语教学应该与文化教学有机结合。

（二）跨文化英语教学是英语教学发展的需要

由于英语教学的宗旨是为社会和学习者个人发展服务，培养社会发展所需要的人才，所以随着社会的发展，英语教学工作者也应及时更新观念，调整教学大纲和教学方法，以跟上时代发展，加快对学生跨文化交际能力的培养。

到现在为止，我们的讨论还只停留在对跨文化英语教学的必要性和先进性的探讨上。理论说明固然重要，但是跨文化英语教学如何实施的问题则具有更实际的意义，如何在大纲和课堂教学中体现跨文化英语教学的思想是教师和学生更加关心的问题。

四、大学英语跨文化教学的目标与内容

（一）跨文化英语教学的目标

跨文化英语教学的总体目标有以下两点。

第一，提高学习者的英语交际能力（语言文学目标，初级目标）。

第二，培养学习者的跨文化交际能力（社会人文目标，高级目标）。

跨文化交际能力作为跨文化交际研究的主要课题之一，也受到许多研究者的重视，朱迪丝·马丁（Judith Martin）、麦伦·勒斯蒂格（Myron Lusting）和茱莲妮·凯斯特（Jolene Koester）三人的著作汇聚了跨文化交际学界关于跨文化交际能力的优秀研究成果。当英语教学界认识到跨文化交际能力培养对于英语教学的意义之后，也纷纷对英语教学环境中跨文化交际能力进行定义和分析，由此可见跨文化交际能力在英语教学和跨文化交际两个学科领域之间所起的桥梁作用。

尽管英语交际能力和跨文化交际能力都已在各自的领域得到了极其充分的研究，但是跨文化英语教学的目标和内容并非这两者，英语教学界普遍认为，作为一种健全、合理和实用的英语教学法，必须有明确的教学目的和标准。

教学目的和标准的确定基本上属于一种政府行为，一般是由政府教育机构发

起，委托数名专家组成项目组进行调查研究，提交报告，最后再由教育部门审定和颁布，并监督实施。这说明教学目的和标准的确定受社会文化和政治经济等客观环境的影响，虽然跨文化英语教学的本质特点适用于任何国家和地区，但是其教学目的和标准以及教学方法在美国和欧洲可能有所不同。同样，在中国的国情下，跨文化英语教学也应该具有自己的特色，不能一味模仿，全盘照搬西方国家的做法。

跨文化英语教学的理念原始于美欧等国，以跨文化交际学界与英语教学界学者的研究与传播为主。如迈克尔·拜拉姆（Michael Byram）等人提出的语言文化教学、格雷诺·E. 凡蒂尼（Alvino E.Fantini）提出的以培养文化间交际能力为目的的语言教育，他们从跨文化交际学、英语教学法等多学科视角出发，将文化视为动态发展的过程，强调跨文化意识、情感与交际技能在英语语言学习中的重要性，主张在英语基础语言教学的同时兼顾学生文化认同与跨文化身份的重构，通过有机结合文化教学与语言教学达到培养跨文化人与世界公民的目的。近几十年来，跨文化英语教学也受到了越来越多国内学者的关注与研究，张红玲教授在其著作中从知识、能力和态度三个层面对跨文化英语教学的目的进行了系统性的划分，将目的语语言、多文化教学以及跨文化交际能力的培养并列为教学的主要内容，要求学生能够通过目的语语言与文化的学习，对自身民族文化进行反思与自觉。

高校跨文化英语教学，从教学深度和广度上来讲，可以说是跨文化英语教学的高级阶段。它所针对的教学对象是年满十八岁的高校学生，该学生群体具有自身的特点：一方面，从其社会性发展特点来看，由于成长于中国社会中，长期接受中华民族文化的熏陶，他们在多年的社会化进程中已逐渐形成一套带有明显母语文化印记的符号系统、基本行为规范和语言逻辑思维。这一过程在一定程度上是以潜移默化的方式进行的，个体对自身养成的文化习惯与行为特点可能“习而不察”，但不可否认的，到达大学阶段的学生已在此过程中确立了自身的文化根基与群体归属，且处在自身世界观、文化价值观形成与发展的关键阶段。另一方面，从其认知发展特点上看，基于利维·维果斯基（Lev Vygotsky）的认知发展观，由于知识经验的增多和认知水平与思维能力的提高，高校学生处在记忆和创造性思维发展的极佳时期。同时，大学时期也是大学生自我意识迅速发展并走向稳定成熟的时期，“我是谁”“我属于哪个圈子”等自我身份与文化身份认同的问题是他们关注的焦点。

由此可见，对高校学生开展跨文化英语教学，是可行且必要的。以跨文化能力与英语交际能力培养为目标的英语教学，以开放性、互动性与创新性为特点，既符合大学阶段学生的认知特点，同时也符合其个人社会性发展与身份构建的需要。具体来讲，该教学模式注重学生运用所学英语语言知识对目的语文化及本族文化知识进行对比分析，在此基础上进行模拟或真实跨文化情境下的交际活动训练，在处理各种跨文化冲突的体验和学习中对自身所属文化，尤其是深层文化因素进行反思，提高文化自觉意识和跨文化敏感性，从而实现对中华民族文化的创新性继承与自身跨文化身份的建构。

我国高校跨文化英语教学的内涵及目的可以表述为通过对英语语言及文化知识的教学，加强对母语和本族文化的理解、反思以及对外传播的能力，增强文化自信，实现真正的文化自觉，培养具有国际视野和专业知识能力的人才。

（二）跨文化英语教学的内容及其特点

1. 以文化内容为基础

传统语言学和语言教学不关心语言篇章的主题内容，只对语用关系和句法结构如何影响和构成信息感兴趣，至于这一篇章对学习者知识增长的作用一概不管。这一传统随着以内容为基础的教学、专业英语教学和双语教育的兴起而逐渐被打破。跨文化英语教学采纳的就是以文化内容为基础的教学模式。

很多英语教学研究者相信，最有效的英语教学应该是把语言作为传授和培养其他知识和技能的手段，而不是单纯地为了语言而学习语言，即不是将英语学习作为英语教学的目标。

2. 文化与语言互为目的和手段

值得一提的是，母语和本族文化在这一教学过程中起着一定的作用。它们虽然不是教学的主要内容和目的，但是在培养语言意识和文化意识以及进行文化对比时，母语和本族文化的作用不可轻视。

3. 文化教学与语言教学有机结合

这是对前一点的继续说明。在跨文化英语教学中，处于同等重要地位的语言与文化内容的有机结合贯穿英语学习各个阶段（初级、中级和高级）、各个环节

（英语教学计划、课堂教学和教学评估与测试等）和各门课程（听、说、读、写等）。

4. 教学大纲要满足文化学习的需求

我们在确定文化主题为教学内容组织基础的同时，必须认识到文化学习过程是一个认知、心理、行为共同发展的过程，同一个文化主题的学习，既可以提供一个增长知识的机会，又可以成为一次心理和行为的体验和调整的机会，关键在于教学活动的设计和实施。因此教学大纲应该满足文化学习过程的需要。

五、大学英语教学中跨文化教育的实施途径

（一）教学中注重介绍词语的文化内涵

语言词汇是最明显的承载文化信息、反映人类社会文化生活的工具。词汇的意义分为概念意义和文化意义。概念意义指词汇的语言意义；文化意义则指词汇的感情色彩、风格意义和比喻意义等。文化意义是指某一文化群体对一客体本身所作的主观评价，同一客体在不同文化的人脑海中产生的联想意义不同。词语在文化上的差异是学好英语的一大障碍，因此，在词汇教学中要注意词语的文化意义在目标语和母语之间的对比。

（二）教学中挖掘中英两种语言在句法和篇章结构上的差异

教学中要提醒学生中英两种语言在句子结构形式上的差异，即汉语句子重意合，英语句子重形合；汉语的时间概念由时间状语表达，英语的时间概念由动词的时态变化来表达。

在篇章结构上，英语主要呈直线型，汉语篇章主要呈曲线型。英语的段首一般是开门见山的主题句，然后按一条线发展展开，整个段落围绕主题句展开，每个句子都与主题密切相关；汉语则讲究“曲径通幽”，叙述和论证时一般含蓄而委婉。

（三）教学中介绍英语的交际习惯和行为方式

文化在一定程度上制约着人们的一切行为，自然也在一定程度上制约着人们的语言行为。不同文化背景的人有不同的语言习惯和行为方式，在教学中要注意培养学生对目标语与母语人群在交际习惯和行为方式差异上的敏感性，提高学生的跨文化交际能力。

第三节　跨文化大学英语教学现状与问题

一、我国大学英语文化教学情况

（一）大学英语教学大纲对文化的关注

教学大纲是在一定的教学思想和教学理论指导下，对教学目标、教学内容、教学要求、教学评估等进行描述和规定的文件。教学大纲对大学英语的教学、教材编写起到指导、引领的作用。我国的大学英语教学大纲，在一定程度上反映了语言与文化的紧密联系。

不断开放的社会对大学生的英语能力提出了更高的要求。大学扩招之后，学生人数不断增加，给大学英语教学提出了挑战。大学英语的教学目标在不断改进，英语教学也从语言知识的传授和语言技能的操练，逐渐转到强调文化的重要作用，重视文化在英语教学中的影响。

（二）大学英语教材中文化内容的分析

英语教材中的文化内容只有通过文化对比才能促使学习者对文化进行国际性的思考，继而提高学习者的全面综合文化素质。作为英语学习的教材，应该包括目的语文化材料，即以英语为母语的地方文化；源文化材料，即学习者自己的文化。教授文化时，教师应该记住的是需要提升学生对自己所属文化的意识。充分了解母语文化是将其与目的语文化进行比较的基础，这样方能显现目的语文化的主要特色，同时提升学生对母语文化和目的语文化中精华部分的深层理解。

（三）大学英语教学研究的重点

大量的研究和实践集中在如何教授文化、如何培养学习者的跨文化交际能力、文化教学对英语教学的必要性这几个方面。其中的研究热点就是如何将目的语文化的内容添加到语言课程中。

二、大学英语跨文化教学存在的问题

1. 深层文化教学问题

（1）深层文化的内涵

文化是知识、经验、信仰、价值观、行为、态度、意义、层级观、宗教、时间概念、角色、空间关系、宇宙观累积的沉淀物，是一群人通过数代人的个体和群体的努力获取的物质对象和财富。深层文化的范围远远超过表层文化，诸如思想、信念和评价之类的属于深层文化。

（2）目的语深层文化教学的问题

语言是人与人相互接触时所使用的交际工具，是人与人之间传达信息或表达思想的媒介，语言不仅是符号系统和交际工具，而且是使用这种语言的民族历史文化的载体。语言就像一面镜子，反映了民族历史、文化、心理素质的深层结构，无形地在一定程度上规范着一个民族看待世界的价值标准和思维方式。

在英语教学中加强文化教学，更重要的是要关注到文化的深层结构、深层文化的差异，要尽量避免大学英语教学中对目的语深层文化的忽视。在培养非英语专业大学生跨文化交际能力的文化教学过程中，我们在一定程度上忽视了深层文化的输入，使大学生在大学英语的课堂中触摸到的基本上是目的语文化的外壳。

2. 目的语历史文化内容的缺失

大学生学习英语的目的是和英语国家的人交际，吸取他国的先进科学、文化精华，更好地进行跨文化交际，学生的英语问题不能仅表象地认为中国学生羞涩、顾及面子、词汇不够、语法不清。在教学中要弥补教材的不足，引导学生建立起对目的语文化的深层次理解，让学生多了解目的语国家的宗教文化，尊重对方的宗教信仰，并从对方的宗教文化中吸取精华以丰富自我。

3. 目的语经典阅读的缺失

目的语经典阅读是指阅读外语经典文学作品的过程。它有助于读者了解不同文化背景下的思想、价值观和历史，同时也可以提高读者的语言能力和阅读能力。长久以来我国英语教育都延续着应试教育的方式，导致很多学生虽然英语笔试成绩不错但是实际的英语应用能力却很弱。原因在于学生缺少对目的语文化的了解与认知。目的语经典文学作品往往反映了目的语国家的历史、社会、文化、价值观等方面的信息，通过阅读这些作品，学生可以了解和感受到目的语国家的文化特色和精神内涵，从而增强自己的文化意识和文化敏感性，提高自己的跨文化交际能力。此外，目的语经典文学作品往往使用了丰富多彩的词汇和复杂精细的语法结构，通过阅读这些作品，学生可以接触到更多的生动形象的词汇和更高层次的语法规则，从而提高自己的语言表达能力。在阅读这些经典作品时，学生需要用各种阅读技能和策略来理解和欣赏，如预测、推断、归纳、总结、评价等。通过阅读这些作品，学生可以锻炼自己的阅读理解能力和批判性思维能力。例如，文学是第二语言教学中可行的组成部分，文学的主要功能之一是作为传播媒介，传播目的语使用民族的文化，文学文本是学习者能利用的优秀语言资源，阅读文学作品能帮助学生发展语言能力。

第四节　跨文化大学英语的改革与创新

一、跨文化大学英语目标的培养

（一）明确母语文化和目的语文化的定位

大学英语教学中目的语的文化学习是重点。学习目的语文化是掌握目的语言所必需的，同时学习目的语文化能让大学生意识到自己的文化身份，这也是学生建立文化身份的途径。只有在学生深入了解目的语文化的基础上，学生才能更深刻地理解母语文化。要让学生能从不同的历史和文化中吸收养分，让学生成为跨文化人。理解另一种文化会给予人们一个站立的位置，在那里人们能更好地观察他们自己的文化。

（二）让大学生达到和具备三个层次的程度和能力

第一层次：让学生能自如地表述自我和母语文化，具备用英语表述母语文化的能力。对西方人来说，中国人和中国的文化都是“文化上的他者”。那么，要避免西方将中国的民族文化和民族自我淹没在西方式的话语中，就必须依靠中国人对自我文化的阐释和表述。

第二层次：让学生能够深刻理解目的语文化的深层内核，具备对目的语文化的理解能力。对学生来说，目的语文化也是“文化上的他者”，尽量避免将目的语文化“他者化”；尽量避免文化障碍，是大学生学习的主要目的之一。

第三层次：也是终极目标，使学生成为跨文化的人。因为学生具有他者身份，可以有意识地与目的语文化价值观保持距离，可以从他者的视角来审视目的语文化，指出西方人对他者的冷漠，不但可以令西方人反省自己的文化，也能在一定程度上为自己争取到话语权。同时，学生的他者身份，也为自己提供了一个认识自我的参照，从他者的角度看母语文化会让学生进入反思自我的旅程，学生能重新认识习以为常的社会。

二、跨文化背景下大学英语教学模式改革

中国的英语教学经历了一系列的改革，但教学效果始终不如人意，培养的学生语言能力强，语言技能熟练，但社会文化能力和跨文化交际能力有待提高，大学英语教学就是一个典型的例子。

（一）教学模式概述

1. 教学模式的构成要素

（1）理论依据

教学模式是一定的教学理论或教学思想的反映，是一定理论指导下的教学行为规范。不同的教育观往往提出不同的教学模式。

（2）教学目标

任何教学模式都指向和完成一定的教学目标，在教学模式的结构中教学目标处于核心地位，并对构成教学模式的其他因素起着制约作用，它决定着教学模式的操作程序和师生在教学活动中的组合关系，也是教学评价的标准和尺度。

（3）操作程序

每一种教学模式都有其特定的逻辑步骤和操作程序，它规定了在教学活动中师生先做什么、后做什么以及各步骤应当完成的任务。

（4）实现条件

实现条件是指能使教学模式发挥效力的各种条件因素。

（5）教学评价

教学评价是指各种教学模式所特有的完成教学任务、达到教学目标的评价方法和标准等。

2. 教学模式的主要特点

（1）指向性

由于任何一种教学模式都是围绕着一定的教学目标设计的，而且每种教学模式的有效运用也需要一定的条件，因此不存在对任何教学过程都适用的普适性的模式，也谈不上哪一种教学模式是最好的。评价最好教学模式的标准是在一定的情况下达到特定教学目标的最有效的教学模式。

（2）操作性

教学模式是一种具体化、操作化的教学思想或理论，它把某种教学理论或活动方式中核心的部分用简化的形式反映出来，为人们提供了一个抽象但又更加具体的教学行为框架，用以指导教师的教学行为，使得教师的教学有章可循，便于教师理解、把握和运用。

（3）完整性

教学模式是教学现实和教学理论构想的统一，所以它有一套完整的结构和一系列的运行要求，体现着理论上的系统统一和过程上的有始有终。

（4）稳定性

教学模式是大量教学时间活动的理论概括，在一定程度上揭示了教学活动具有的普遍性规律。

（5）灵活性

教学模式并非针对特定的教学内容教学而提出，它体现某种理论或思想在教学过程中的实际操作形式。

3. 教学模式的选择过程与方法

在选择教学模式的过程中，要充分考虑到这些因素的影响和作用。

（1）教师因素与教学模式的选择

教师在教学中起着主导的作用，这是由教学的本质决定的。教学活动区别于其他活动的重要特点之一，就是学生的学习和认知是在教师的指导下进行的。

（2）学生因素与教学模式的选择

学生和教师是教学系统中的两个核心要素，教学活动是师生互动的过程。片面地以教师为中心或以学生为中心，都是极端的教育观点。前者过分强调教师在教学活动中的权威性和主导作用，在一定程度上忽视了学生在学习过程中的主观能动性；后者过分强调学生在学习过程中的主体作用，忽视了教师的引导和支持作用。在选择教学模式时，把学生放在怎样的位置，如何看待学生在教学中的地位和角色，将会影响教学模式最终的选择。

（3）教学内容与教学模式的选择

在教学中，教学内容一般具体表现为教学大纲、教材和课程呈现的内容。教学的主要目的是改变学生的知识、技能和态度，而教学内容是促成这些改变的重要因素。因此，教学内容是教学系统中必不可少的要素。

（4）教学媒体与教学模式的选择

教学媒体是指以采集、传递、存储和加工教学信息为最终目的的工具和载体。在现代教学系统中，教学媒体是开展教学的重要条件。教学媒体的发展变化有效地促进了教学系统的发展和进步，同时也极大地丰富了教学模式。

（5）教学环境与教学模式的选择

教学环境通常包括物质环境和社会环境两个方面。物质环境主要是指教学中的自然条件、教学设施、空间布置等；社会环境主要是指课堂秩序、课堂气氛、师生关系、同学关系等。在教学系统运行中，教学环境处于基础地位，是教学活动展开的物质基础，会影响学生的学习过程、教师的教学方法和教学组织的形式。

教学模式是对教学实践进行指导而设计的框架结构，在教学活动开展之前选择相应的教学模式具有十分重要的意义。教师在选择特定的教学模式时，要注意以下三点。

第一，应该根据教学对象的特点选择教学模式。

第二，应该根据学习目标的性质选择教学模式。

第三，对教学活动的设计应该灵活多样、重点突出，切忌生搬硬套某种已有的教学模式。

（二）跨文化背景下大学英语教学模式改革方法

跨文化视角下，英语教学的优化应提升对跨文化认知，以此助推跨文化交际在英语教学体系中实践。首先，学校要提升英语教学的重视度，认识到当前英语教学的不足，以跨文化为导向，促进英语教学走创新渠道。例如，通过研究英语教学模式，明确英语教学的不足为文化内容渗透积极性不高，就可以以本土文化融入为导向，推动跨文化交际能力与英语教学的融合，开展跨文化英语教学活动，增强学生英语语言运用能力及输出能力。其次，加强跨文化交际宣传力度，提升教师与学生对跨文化英语学习认知，使教师与学生主动践行跨文化英语学习，以自身母语为基点，更好地学习英语语言，提升英语教学实施的有效性。最后，树立新的英语教学观念，包含课程思政观念、协同育人观念、网络教育观念等，以跨文化大学英语教学落实为导向，明确跨文化学习目标，达到英语教学改革的目的。例如，以新的英语教学观念为基点，明确跨文化的知识目标、能力目标、思维目标以及听说读写译技能目标等，以此设计跨文化的英语教学活动，使学生在具体的教学实践中实现这些教学目标，提升学生英语综合学习的水平，彰显跨文化在英语教学中优化及实践的价值。

跨文化视角下，英语教学的实施立足于英语素材及教材内容，重视文化信息的融入是必要的。而为了进一步提升教师文化教学、学生文化学习的兴趣，应重视文化融入及挖掘的针对性、趣味性。首先，整合英语教材内容，重构英语教材体系，使英语教材中既涵盖英美文化，又涵盖本土文化，增强本土文化在英语教材中的比重，以此提升教师与学生对本土文化教学及学习的积极性，同时领会跨文化深意，践行跨文化英语教学，为学生跨文化能力的培养提供支撑。其次，在依据教师教学需求、学生学习需求的基础上，有针对性地融入本土文化。例如，针对教师成长及发展需要，在英语教材、教案中融入本土文化，让教师知晓本土文化与自身英语跨文化的关联，以本土文化中的内涵及思想达到教师自我教育能力，增强教师文化自信，更好促进本土文化在跨文化中的融入；针对学生而言，根据学生成长需要，具有针对性地融入生活文化、艺术文化、红色文化等内容，尤其是红色文化，以红色文化为背景，引领学生运用英语语言产生与输出红色文化事迹、故事，培养学生成为优秀跨文化人才，并在具体的文化交流中传播本土文化，增强英语跨文化教学实践的价值。最后，跨文化的英语内容的丰富，也要重视其他学科内容的融入，如思政学科、心理学学科等。

跨文化视角下，英语教学的优化要关注学生跨文化交际能力的培养，也应该运用多元教学方法，搭建跨文化交际的英语教学体系，使学生从中获取跨文化交际内容，提升学生跨文化交际综合能力。首先，运用情境教学，根据书本呈现的内容，以跨文化交际为导向，关注多元文化内容的融入，做到中西方文化的融合，打造中西方文化情境，以中西方文化为背景，促进学生对英语语言内涵认知，了解中西方文化的差异性，以此更好运用英语语言，改变学生语言运用语错问题，提高学生英语语言的实践水平。例如，在学习圣诞节、文化习俗知识内容中，打造“Christmas Day”“convention”的语言场景，让学生在情境的作用下深入探究、思考语言内容及文化内容，从而增强学生文化素养，培养学生英语核心素养。其次，在跨文化交际能力培养的英语教学中，运用翻转课堂教学模式，在网络教学的支持下，开展线上线下融合的教学活动，打破传统英语教学束缚，为跨文化交际的英语教学开展提供支撑。例如，在学习“Earthquake”知识时，在课前学习中让学生依托网络平台，进行 earthquake 内容的自主性学习；在课堂教学中，为学生播放 earthquake 情景内容，讲解中西方对地震的防护措施及相关内容，使学生对 earthquake 内容进行深层次的掌握，之后教师为学生打造“Earthquake”主题活动，让学生围绕 earthquake 内容阐述地震相关内容，并探究相关的文化内容。最后，运用探究性教学进行跨文化交际的英语教学，为学生提供语言输出及合作、交际的平台，使学生以本土文化为基点，增强学生听说读写译的综合能力。总之，在跨文化交际的英语教学中，可以运用的教学方法多元，还包含导入教学、项目教学等，这些都为跨文化交际落实在英语教学中提供支撑。

跨文化视角下，提升英语教师与学生文化素养是重点任务。只有教师与学生对文化具有认知，尤其是本土文化，增强对本土文化的认知能力及认可态度，才能够更好学习本土文化，增强英语语言输出能力。基于此，在英语教学优化中，应重视教师与学生各自文化的教育，使教师具有文化素养，在跨文化视角下将本土文化融入教学中。同时，教师在课堂教学中给予学生本土文化引领，加强对红色文化、传统文化、艺术文化的研究，丰富英语内容的同时，也培养学生跨文化英语实践能力。

三、跨文化背景下大学英语教学创新

（一）大学英语教学创新的概念

大学英语教学创新中的“创新”既指“社会化创新”，也指“个体化创新”。前者主要是指教育教学理论研究者、教学活动实践者在教学领域的创新研究和实践；后者指研究者、教师或学生在自身心理水平上创造出一些高于原有认知的东西，其活动过程和结果在多数时候并不直接显示出社会意义上的创新价值，但间接地提高了整个社会的综合素质和人文水平。

随着改革开放的不断深入，中国企业大规模在海外寻求发展空间，出口领域进一步扩大，各行各业对既有专业知识又懂英语的人才的需求日益迫切。为此要求大学毕业生不仅要有获取信息的阅读能力，而且要有较强的口语和写作能力，能直接和外国人交流，能用英语进行业务谈判，能把中国的产品和技术推广到国外去。高校要适应这一新形势的需要，必须进一步提高高校英语教学质量，深化大学英语教学改革。

转变教育观念不是一个空泛的概念，它有着具体的内涵。作为教师仅仅意识到接受新的教育观念是远远不够的，还需要进一步地感悟，并把它转化为具体的教学行为。从全面实施素质教育，促进学生全面、和谐发展的目标来看，首先学生学习的性质应由接受性、继承性转变为探索性、创造性。传统教育中知识的学习是教育追求的目的，而在创新教育中知识由目的因素变为过程因素，知识不再是教育追求的目的，而是实现创新的方法。其次，在教学内容上，要从单纯的语言教学转向既学语言，又学文化科技知识，培养学生的人文精神。在教法上，不仅要研究教法，而且要研究学法，要以培养学生的创造素质为出发点，以便真正实现培养学生创新能力的目标。

教学过程既是认知过程，又是情感过程。这两个过程相伴相随，相辅相成。积极参与是学生自主学习的前提，让学生积极参与教学充分体现了民主、自由的课程理念。教学中要注意充分发挥学生的主体作用，为学生提供参与教学的机会，不断激发其学习兴趣，为其提供更多的思考和创造的时间和空间。学生通过思考和讨论，积极动脑，参与活动，既获得了知识，提高了语言表达能力，又培养了与他人合作的能力，效果很好。要注意的一点是，学生说英语时可能会出现一些错误，甚至用中文表达，此刻切勿阻拦或者强求其用英文来表达，应顺其自然，循序渐进，循循诱导，从一个单词开始，逐词地掌握实在的内容才能收到长久的效果。

在现代社会的发展趋势以及教育改革的普遍要求之下，英语已经成为世界通用的一门语言，掌握熟练的英语口语技能，代表了大学生与来自世界上不同文化的人进行沟通、接受来自不同文化的信息的能力，对于当代大学生来说具有一定的意义。在这样的情况下，现有的教育模式已经不能够满足大学生对于英语使用技能的需求，因此，高校的英语实践教学需要对现有的教育模式进行相应的改革。

（二）创新大学英语教学的必要性

第一，创新大学英语教学是经济全球化和我国对外经济发展的需要。在经济全球化的时代，对外经济贸易是连接国际、国内市场相对比较重要的领域。对外经济贸易的发展对既懂专业，又会用英语交流的对外经贸人才的数量和质量的要求日益提高。

第二，创新大学英语教学是我国对外政治、文化、科技交往的需要。我国对外交往日益频繁，在国际事务中的影响力和作用不断增强，地位不断提升，对高层次的精通英语、能够参与国际竞争人才需求不断高涨。这就要求高校创新大学英语教学，培养出高水平的能够熟练使用英语的实用型人才，以确保我国在国际化竞争浪潮中处于有利地位。

第三，创新大学英语教学是广大学生的现实需求。社会的改革开放步伐加快，各行各业对外信息交流的规模不断扩大，要求大学生在毕业之后具有英语综合应用能力。越来越多的学生感到在毕业后仅仅拥有某个英语水平考试的证书是远远不够的，而真正所需要的是熟练地驾驭英语这种语言的能力，尤其是听说能力。大学生对英语的迫切需求、浓厚的求知欲、学习英语的积极性，甚至对当前大学英语教学的这份“挑剔”，表明了创新大学英语教学势在必行，而且必须将出发点立足于社会发展的实际需要和大学生的实际需求。

（三）跨文化背景下大学英语教学创新举措

1. 分析讲述跨文化的概念

大学英语教学中应分析跨文化的内容，向学生讲述跨文化学习在实际生活中的意义，让学生可以充分了解跨文化在现今社会发展中的重要性。

2. 借助影视作品来培养学生的语感

大学对学生的英语教学可以采用影音的形式来为学生展现文化之间的差异性，在西方国家的大多数影视作品都是从西方国家人群的实际生活出发，展现了其真实的生活情况，让学生观看一些西方国家的影视作品，不仅可以有效地激发学生对学习英语的兴趣，而且可以让学生从影视作品中发现西方国家不同的文化习惯和语言习惯等，加强学生对西方文化的理解，让学生了解跨文化交流的技巧。

3. 分组进行口语练习

大学的英语教学可以让学生组成几个小组，给定每组学生一个特定的属于西方文化的场景，让学生按照西方国家的语言习惯在小组间进行一些情景化重现，让学生可以更加真实地使用英语，在学生锻炼口语的同时，增加学生对西方文化的了解，为学生进行跨文化学习、交流打下基础。

4. 教学理念创新

基于跨文化背景的大学英语教学模式的构建需要从多个方面如教学原则、教学目的、内容、教材选择、课程设置等方面去综合入手，从而构建基于跨文化学习的大学英语教学新模式。

教学原则是跨文化大学英语教学模式在教学目标、教学内容、课堂语言教学等方面所需要遵循的具体原则，具体来看有以下 4 点。

①教学目标方面：根据学生跨文化学习的总体目标和具体目标，制定兼顾课堂总体教学和学生个性的教学目标，这些目标既要符合学生的跨文化学习的实际发展需要，又应具有时代特点。

②教学内容方面：语言教学内容应和文化教学保持内在的一致；教学内容选择要具有典型性，突出重点难点，降低母语负迁移影响，文化教学内容要能够实现对学生人文素养的培养。

③教材的选择方面：积极开发利用国内基于跨文化学习的新教材，引进国外优秀英语教材，保持本土和西方教材之间的张力。

④课堂教学方面：开展情境化教学，让学生在接近真实的语言环境中提高跨文化学习能力；利用多种媒体辅助教学；考虑学生的个体差异，引导学生积极参与跨文化学习的训练。

5. 教学目标的确定

跨文化学习下的大学英语教学应着重在培养学生语言技能的过程中提高其跨文化学习的能力，在这一理念的指导下，英语语言技能作为交际能力的组成部分，服从于交际能力的培养。由此可见，基于跨文化背景的大学英语教学的教学目标主要包含两方面的内容，一是培养学生的英语综合应用能力，主要有英语语言的听、说、读、写、译等方面的能力；二是培养学生的跨文化学习能力，主要涵盖学生的跨文化学习认知能力、情感能力以及行为能力三个方面的内容。基于跨文化学习的大学英语教学内容主要应包含语言基础知识例如词汇、语法、听说读写译能力、文化教学内容例如文化行为内容、价值观内容以及跨文化学习因素等方面的内容，这两方面的内容是相辅相成、互为补充的关系。

6. 教材的选择

依据跨文化学习下大学英语的教学内容，教材的选择也应包括两方面分别是大学英语基础课程教材和跨文化类课程教材。前者虽然旨在奠定学生在英语语言学习方面的知识和技能基础，但也应渗透一定的跨文化学习的内容，因此应着重选择那些在跨文化学习指导下编订的教材，如《新视野大学英语教材》《新时代交互英语》等教材；后一种教材则可以既选择国内在这方面的优秀教材，又可以适当引进国外教材，如《经济学人》等，从而为学生跨文化学习能力的培养奠定坚实的基础。

7. 课程设置

科学合理的课程设置有利于学生跨文化学习能力的有效培养。根据跨文化学习下的大学英语教学原则、教学目标等方面的要求，课程设置应包含两方面的课程群分别是英语语言基础知识课程群和跨文化学习课程群。在英语语言基础知识课程群中，主要包含相应的听说读写译等常规课程，还应具有新的符合跨文化学习训练的课程设置，例如大学生英语听说第二课堂、网络课堂等新的课程，着力提高学生的语言基础知识和技能；在跨文化学习的课程群里，应以传授相应的英美文化背景和跨文化学习的知识和技能为主线，将必修课和选修课相结合，开设一些诸如英美文学欣赏、英美社会与文化、中西方文化对比等课程，提高学生跨文化学习的意识和能力。

8. 建立跨文化教学的考核制度

培养学生的跨文化交流能力是大学英语教学的主要任务。考试是衡量教师教学效果和学生学习水平的重要方法之一。通过有效的语言测试，可以考量学生的学习效果，分析他们在学习方面存在的问题。同时，教师也可以获得教学反馈，了解教学方法的实际效果，促进自身教学能力的提高。然而，目前我国许多高校所采用的考试制度存在不完善、不科学的问题。因此，在大学英语教学中，教师要充分发挥考试的作用，将文化知识、交际能力、专业技能、情感态度等作为文化测试内容。根据学生的个体差异和学校教学需要，教师可以采用多种测试方法，将笔试和口试结合起来，综合评价学生的跨文化交流能力。从学生英语语言水平评价的目标出发，高校可以建立有效的英语文化教学考核体系，提高大学英语考试的科学性，还可以从期中和期末考试入手，增加英语跨文化教学的检测功能。

参考文献

[1] 何克抗，李文光 . 教育技术学 [M]. 北京：北京师范大学出版社，2002.

[2] 夏鹏铮 . 英语教学语言艺术 [M]. 长春：吉林大学出版社，2016.

[3] 杨勇萍 . 跨文化交际与英语文化教学 [M]. 太原：山西人民出版社，2012.

[4] 武琳 . 大学英语教学模式与课程建设研究 [M]. 长春：吉林大学出版社，2016.

[5] 夏颖 . 跨文化视角下的大学英语教育探索 [M]. 哈尔滨：哈尔滨工程大学出版社，2014.

[6] 林立，王之江 . 人本主义活动在英语教学中的应用 [M]. 北京：首都师范大学出版社，2005.

[7] 蔡基刚 . 应用语言学视角下的中国大学英语教学研究 [M]. 上海：复旦大学出版社，2012.

[8] 陈晓慧 . 教学设计 [M]. 北京：电子工业出版社，2009.

[9] 程晓堂 . 任务型语言教学 [M]. 北京：高等教育出版社，2004.

[10] 康莉 . 跨文化视角下的大学英语教学：突破与困境 [M]. 北京：社会科学出版社，2014.

[11] 高瑜 . 元认知基础及其对大学英语写作教学的启示 [J]. 重庆科技学院学报，2009（2）：219-220.

[12] 寻阳，孙丽 .L2 读者词汇知识深度与词义推测策略的成功运用 [J]. 外语界，2006（4）：41-47.

[13] 徐惠芬，单国谦 . 试论大学英语写作教学 [J]. 边疆经济与文化，2009（2）：151-152.

[14] 刘俊霞，陈鹏 . 论大学英语教学中学生写作能力的培养策略 [J]. 网络财富，2009（20）：171-172.

[15] 王守仁 .《大学英语教学指南》要点解读 [J]. 外语界，2016（3）：2-10.

[16] 张文娟 . 基于“产出导向法”的大学英语课堂教学实践 [J]. 外语与外语教学，

2016（2）：106-114.
[17] 崔艳辉，王轶 . 翻转课堂及其在大学英语教学中的应用 [J]. 中国电化教育，2014（11）：116-121.
[18] 卢海燕 . 基于微课的“翻转课堂”模式在大学英语教学中应用的可行性分析 [J]. 英语电化教学，2014（4）：33-36.
[19] 彭金定 . 大学英语教学中的“学习者自主”问题研究 [J]. 外语界，2002（3）：15-19；46.
[20] 周星，周韵 . 大学英语课堂教师话语的调查与分析 [J]. 外语教学与研究，2002，34（1）：59-68.
[21] 芮燕萍 . 大学英语教师专业发展状况实证研究——以教师反思与教学实践为例 [D]. 上海：上海外国语大学，2011.
[22] 史光孝 . 隐性课程视角下的大学英语课程设计研究 [D]. 上海：上海外国语大学，2011.
[23] 张蔚磊 . 大学英语教师绩效评估研究 [D]. 上海：上海外国语大学，2011.
[24] 贾振霞 . 大学英语混合式教学中的有效教学行为研究 [D]. 上海：上海外国语大学，2019.
[25] 张文娟 .“产出导向法”应用于大学英语教学之行动研究 [D]. 北京：北京外国语大学，2017.
[26] 刘长江 . 信息化语境下大学英语课堂生态的失衡与重构 [D]. 上海：上海外国语大学，2014.
[27] 隋晓冰 . 网络环境下大学英语课堂教学优化研究——基于佳木斯大学的实证调查 [D]. 上海：上海外国语大学，2014.
[28] 任丽 . 生态学视角下大学英语教学研究 [D]. 上海：上海外国语大学，2013.
[29] 何明霞 . 基于网络环境的大学英语自主学习监控理论与实践研究 [D]. 上海：上海外国语大学，2013.
[30] 张艳红 . 大学英语写作教学的动态评价研究 [D]. 上海：上海外国语大学，2013.